Popular Education in Peru: Transformation of Education
for "Social Change" and Practices in Schools

ペルーの民衆教育

「社会を変える」教育の変容と学校での受容

工藤 瞳

東信堂

はしがき

　社会における教育の目的には、現状を維持し、社会の営みを継続させていくことと、社会の問題点を改善し、現状を変えていくことという、二つの大きな目的が存在していると考えられる。本書で取り上げるラテンアメリカの民衆教育 (educación popular) は、社会を変えるという後者の目的を強調した教育思想・実践・運動である。この民衆 (pueblo, popular) という言葉には、単なる「人々一般」というよりは、貧しい人々、社会的・政治的・経済的に支配された状況にある人々というニュアンスがある。民衆教育とは、エリート主義的で既存の社会構造を温存するラテンアメリカの伝統的な教育制度への批判として生まれたものであり、農民や都市周辺部の住民等の社会的に不利な状況にある人々が不平等な社会を批判的に捉え、社会を変革するための教育、その主体を育成するための教育である。

　また、民衆教育の特徴の一つは、政府や国際機関の主導で生まれたのではなく、ラテンアメリカ各国内部での取り組みとして、貧困層の多い都市周辺部や農村部で取り組まれたことである。そして現在でも、既存の学校教育に対する代替案として、NGOによる都市周辺部の子どもへの教育活動、あるいは夜間学校や先住民の教育政策といった、一般的な学校教育からこぼれ落ちた人やそれに馴染まない人の教育の背景について語る際に、しばしば言及される。

　しかし社会を変えると言っても、ラテンアメリカの広義の民衆教育が生まれた19世紀末からも、ブラジルの教育学者パウロ・フレイレの思想的・方

法論的貢献を受けた狭義の民衆教育が生まれた1960年代からも、民衆教育の働きかけの有無を問わず社会自体が変化している。特に1980年代以降、ラテンアメリカ各国は民主化や経済発展を経験してきた。その中で、貧しいというニュアンスが含まれる民衆という言葉に対して、誰が民衆なのか、先住民などの文化的多様性は考慮されうるのか、といった点が問い直されてきた。また学校教育の社会的・政策的重要性が増す中で、民衆教育と学校教育や教育政策との関係もまた、変化してきた。

　本書は上記の背景を受けて、ラテンアメリカの民衆教育が特に1980年代以降の社会の変容を受けてどのように変容したのか、変容してもなお「社会を変える」ことを訴える現代的意味とは何かを、ペルーを中心に考察したものである。ペルーでは民衆教育が政策として取り入れられてこなかった一方で、軍事政権下の1972年に民衆教育と強い親和性を持つ教育改革が試みられ、現行の2003年総合教育法制定にはかつて民衆教育の活動に取り組んだ人々が参加した。また、民衆教育に関する従来の議論では政治経済的要素が強調されてきたが、先住民人口の多いペルーを取り上げることで、文化的・歴史的・民族的視点から、民衆教育の変容と課題を考察する。本書では、次の二つの視点から分析を行う。第一に、民衆教育の変容と現状を異なる三つの立場から検討し、多面的な理解を試みる。第二に、民衆教育自体や社会の変容を経た上でどのような民衆教育の形があるのかを明らかにするため、ペルーで学校教育に民衆教育の要素を取り入れた二つのNGOの事例から検討する。

　本書がペルーあるいはラテンアメリカ地域の教育に関心を持つ人だけでなく、広く途上国の教育(特に国際機関などによる働きかけではないもの)に関心を持つ人にも少しでも参考になれば幸いである。

　なお、本書は京都大学総長裁量経費・若手研究者出版助成事業の助成を受けて刊行された。

目次　ペルーの民衆教育：「社会を変える」教育の変容と学校での受容

はしがき　i

序　章 …………………………………………………………… 3

1. 問題関心・研究の背景　3
2. 研究目的　5
3. 分析の視点　7
4. 先行研究　11
5. 本書の構成　14
6. ペルー基礎情報、教育制度、教育状況概要　16

注（22）

第1章　ラテンアメリカにおける民衆教育の形成 ……… 31

1. はじめに　31
2. 民衆教育の歴史的背景――19世紀末以降の広義の民衆教育　32
3. 1960年代以降の狭義の民衆教育　34
4. 「社会変革」の捉え方――改革か革命か　41
5. 先住民・文化的多様性に対する視点　44
6. おわりに　45

注（46）

第2章　1990年代以降のラテンアメリカ民衆教育のパラダイム――CEAALを中心に …………………… 53

1. はじめに　53
2. 民衆教育を取り巻く変化　55
3. 民衆教育の再考　58
4. 民衆教育の新たなパラダイム　62
5. おわりに　64

注（65）

第3章　ペルーにおける民衆教育と教育政策、
　　　　市民社会……………………………………………… 73
　1. はじめに　73
　2. 20世紀前半のペルーの民衆教育　74
　3. 1970年代軍事政権下の教育改革と民衆教育　76
　4. 民政移管後の市民社会の教育への関与　80
　5. 2003年総合教育法への民衆教育の影響とペルー社会の変化　88
　6. おわりに　90
　注 (91)

第4章　ペルーの共同体教育政策から見る民衆教育の
　　　　限界……………………………………………………… 99
　1. はじめに　99
　2. 共同体教育の背景　100
　3. 共同体教育の事例　102
　4. 共同体教育政策　103
　5. 共同体教育の思想　105
　6. 共同体教育政策の課題　110
　7. おわりに　112
　注 (114)

第5章　ペルーの働く子どもの運動マントック
　　　　と民衆教育 ………………………………………… 123
　1. はじめに　123
　2. 子どもが働くことをめぐる議論　126
　3. マントックの背景とその活動　128
　4. 社会的主体としての子どもと運動の中の民衆教育　131
　5. マントックの学校と民衆教育　133
　6. おわりに　138
　注 (139)

第6章　ペルーでのカトリック系国際NGOフェ・イ・アレグリアの民衆教育 …………… 147

1. はじめに　147
2. フェ・イ・アレグリアの展開の社会的背景　149
3. フェ・イ・アレグリアの学校の制度的位置付けと特徴　150
4. フェ・イ・アレグリアと民衆教育　154
5. フェ・イ・アレグリアを取り巻く環境の変化と新たな課題　156
6. おわりに　159

注（160）

終　章　民衆教育の現代的意味 ………………………… 169

1. 民衆教育の変容と現状の捉え方　169
2. 民衆教育を取り入れた学校での実践　174
3. 民衆教育の現代的意味　176

注（179）

引用文献………………………………………………… 181
あとがき………………………………………………… 195
事項索引………………………………………………… 198
人名索引………………………………………………… 201

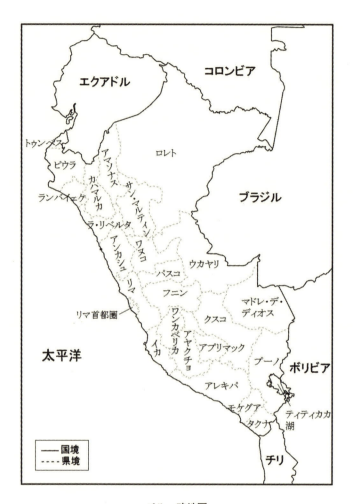

ペルー略地図

（注）2002年に成立した地方分権化基本法（Ley de Bases de la Descentralización、法令第27783号）により、県（departamento）に代わり複数の県をまとめて州（región）を設置することとなった。1979年憲法以降の地方分権化政策の中で、州知事選出や州の名を冠する行政機関（州議会、州教育局等）の設置が行われているものの、その後行政区分としての州は設置されておらず、暫定的に県が州とみなされている。

教育関連の法律等では州教育局（Dirección Regional de Educación: DRE）に対応して州が使われることが多く、本文中ではこれに準じて州を用いる。

ペルーの民衆教育：「社会を変える」教育の変容と学校での受容

序　章

1.　問題関心・研究の背景

　ラテンアメリカ[1]では、植民地時代以来の歴史的影響から、学校教育制度は基本的に既存の社会構造を維持するものとして機能し、先住民や貧困層に対する教育機会は非常に限られるか、質が低いままであった。これに対し、伝統的なエリート重視の教育を改め、農民や貧困層等、社会的に厳しい立場に置かれた人をエンパワーし、既存の社会構造の変革につなげようという思想や実践も取り組まれてきた。その中で最もよく知られるのが民衆教育の思想・実践・運動である[2]。

　民衆教育（スペイン語ではeducación popular）とは、広義には19世紀末に、狭義には1960年代にラテンアメリカで生まれた教育思想・実践であり、制度化されたものというよりは運動としての性格が強いものである。民衆教育は、伝統的にエリート主義的な教育制度、既存の学校教育制度とは対照的に、民衆（pueblo、popular）を対象として始まった。この民衆という言葉には、単なる「人々一般」というよりは、貧しい人々、社会的・政治的・経済的に支配された状況にある人々というニュアンスがある。民衆教育は成人を対象としたノンフォーマル教育を中心に、「抑圧された」民衆が教育を受けることによって自分たちの置かれた社会経済状況に対する批判的理解を深め、政治的意識を高めることで、その状況の変更すなわち社会の変革を目指していくものである。その思想・方法論には、ブラジルの教育学者パウロ・フレイレが

大きく貢献した。

　本書では民衆教育を、エリート主義的で既存の社会構造を温存する教育制度への批判として生まれたものであり、農民や都市周辺部の住民等の社会的に不利な状況にある人々が不平等な社会を批判的に捉え、社会を変革するための教育、その主体を育成するための教育と定義する。

　ラテンアメリカの民衆教育では、不平等な社会構造の変革が目指され、その社会認識においてマルクス主義の影響が指摘される。それと同時に、フレイレの教育思想と方法論や、カトリック、とりわけ解放の神学や社会運動との共通性も指摘されてきた[3]。フレイレの教育思想も解放の神学も、貧困や抑圧により不利益を受ける人々がその社会構造を批判的に捉え、これを変えていくことを目指した。民衆教育では、このような社会的公正を求める方向性に変わりはないものの、1980年代以降、変えようとする社会自体が民主化や経済発展により変化した。このためマルクス主義に影響を受け、階級闘争を中心とした議論が時代遅れとなり、民衆教育の存在やその意義が問い直されるようになった[4]。一連の社会の変化の中には、民主化や社会参加のように民衆教育が目指してきたものが含まれる。しかしながら、経済発展や開発の恩恵を受ける人々がいる一方で、経済格差は依然として問題である。また鉱山をはじめとする資源開発によって利益を得ようとする政府や外国企業と、開発に伴う土地や資源の利用、環境汚染により不利益を被る先住民や地元住民との対立が各地で頻発し、社会的公正をめぐっては新たな課題も見られる[5]。民衆教育の存在や意義が問い直される中、民衆教育はこうした新たな社会経済問題に対応しうるのであろうか。

　学校教育制度内に目を向けると、各国が国際・国内学力調査を実施するなど、教育の質や教育機会の公正性への関心も高まっている[6]。同時に、民衆教育が提起した社会の構造的な不平等の是正や、政治的意思決定に参加する主体の育成といった課題の重要性もますます高まっている。本書で民衆教育に改めて着目するのは、この用語が、第三世界からの批判的な視点から生まれ[7]、現在でも既存の学校教育に対する代替案として、NGOによる都市周

辺部の子どもへの教育活動、あるいは夜間学校や先住民の教育政策といった、一般的な学校教育からこぼれ落ちた人やそれに馴染まない人の教育の背景について語る際に、しばしば言及されるためである。このことはすなわち、民衆教育は一般的な学校教育や教育政策ではカバーできなかった部分を対象とするとともに、学校教育(フォーマル教育、制度化された教育)の限界や課題がどこにあるのか、教育における公正性をいかに担保するのかを問うものであったと言える。また、民衆教育の特徴の一つは政府や国際機関の主導によって実施されたのではなく、第三世界としてのラテンアメリカ各国内部での取り組みとして、特に貧困層の多い都市周辺部や農村部で行われたことである。知識の伝達が中心の伝統的な学校教育を批判し、国家の教育制度を批判しながらもこれを補完し、途上国の内部から生まれた教育思想は、民主化、都市化や経済発展が進んだ現在でも有効だと考えられているのだろうか。また国の教育制度・政策との関係はどのように変化したのだろうか。

2. 研究目的

　上記の関心に基づき、本書ではラテンアメリカの民衆教育がどのように形成され、1980年代以降の社会の変化を受けて、どのような課題に直面し、変容したのか、また変容してもなお「社会を変える」ことを訴える現代的意味とは何か、ペルー共和国(以下、ペルー)の事例を中心に検討することを目的とする。

　本書でペルーを取り上げる理由は二点ある。第一に、民衆教育が政策として取り入れられてこなかった一方で、ベラスコ軍事政権下の1972年に制定された教育法において、社会構造の変革や学習者の「意識化」が提唱されるという、民衆教育と強い親和性を持つ教育改革が試みられたことである。政策担当者たちは民衆教育と共通した問題意識を持っていたのである。こうしたベラスコ軍事政権の性格は、チリやアルゼンチン、ウルグアイ、ブラジルといった同時代のラテンアメリカの軍事政権が労働運動など左翼的な思想や

活動を弾圧したことと対照的である[8]。ペルーでは1970、80年代には左派を中心とした社会運動の中で民衆教育の活動が活発化した。その後政策的には民衆教育が取り上げられることはなかったものの、現在でも教育政策やNGOの中には民衆教育に影響を受けたものが存在する。そして民間レベルで民衆教育を支援する活動が活発であったため、民衆教育に関する文献資料が入手可能である[9]。また、1990年代後半以降の経済成長が著しく、かつて民衆教育の活動が行われた地域も開発が進みつつある。そのような社会の変化の中で、人々が誰を「民衆」と見なすかという意識がどのように変化したのか、そして社会構造の変革を目指した教育思想・実践・運動が現実的にどのような着地点を見出したのかを明らかにしたい。

第二の理由は、先住民人口の多いペルーを取り上げることで、政治経済的な要素が強調されてきたラテンアメリカの民衆教育に関する従来の議論に対して、文化的・歴史的・民族的視点から、その変容と課題を検討することが可能になるためである。先住民人口の推計方法は、言語、血統、自己認識など諸説あるが、ハーボウド他(Haboud et al. 2016)によると、ラテンアメリカ16カ国中、人口に占める先住民の推計割合は、多い順にボリビア60％、グアテマラ59.7％、ペルー36.8％、エクアドル33.9％であり、その他の国は10％以下である[10]。ペルーは隣国ボリビア、エクアドルと比べて先住民運動が活発でないとされる。その背景には、まず首都リマが先住民の多い山岳地域ではなく、海岸地域にあるという地理的・社会的分断がある。これに加えて、1980年代から1990年代にかけて、アンデス山岳地域を中心に活発化したセンデロ・ルミノソ(Sendero Luminoso)やトゥパック・アマル革命運動(Movimiento Revolucionario Túpac Amaru: MRTA)などのテロ活動による被害者の多くが先住民であり、彼らの存在が社会や政治の中で相対的に軽視され、その組織化が妨げられてきたことなどが指摘されている[11]。しかし近年、特に2000年代に入ってから、先住民の持つ伝統や文化的多様性を国の特色として評価しようという政策的な方向性が見られる。その中で、社会的に抑圧されてきた人々のエンパワーメントや政治参加を目指した民衆教育はどの

ような意味を持ったのかを考察したい。

3. 分析の視点

　本書では、先述の研究目的(ラテンアメリカの民衆教育が社会の変容を受けてどのように変容したのか、変容してもなお「社会を変える」ことを訴える現代的意味とは何か)に対して、(1)民衆教育の変容と現状の多面的理解、(2)学校教育における民衆教育、という二つの視点から分析を行う。

(1) 民衆教育の変容と現状の多面的理解

　第一の視点は、民衆教育の変容と現状に関する多様な捉え方から、民衆教育の現状を多面的に理解することである。一口に民衆教育が変容したと言っても、次節で詳述するように論じる立場によって視点の違いが存在する。例えばケイン (Kane 2001, 2004) はラテンアメリカの民衆教育の今後の見通しを論じる中で、民衆教育内部に、大まかに三つの流れがあるとしている。第一は、民衆教育の急進的かつ伝統的な視点を持ちつつも、抑圧／被抑圧の二分法ではなく多様な抑圧のあり方にも関心を持つ立場である。この立場では、様々な社会活動の中の民衆教育を中心に考え、公教育に取り込まれることを警戒するものの、公教育に関与することを否定しない。第二は、民衆教育をめぐるパラダイムの変化などについて表現したり、過度に懸念したりしない、いわばあまり変化を志向しない立場である。この立場では、より民衆教育的であると考えられるグループや運動と協働をする。第三に、定式化された教育の潮流に適合し、政治・社会的不公平についてはほとんど語らない立場であり、ケインはこれを民衆教育の原則を放棄しかねない立場であると捉え、第一の立場を評価している[12]。しかしケインはあくまで民衆教育を内部から論じている。これに対し本書では、民衆教育の現状やその有効性に懐疑的な立場すなわち外部も含めて考察し、民衆教育がどのように変容し、課題に直面したのかを明らかにすることを試みる。

本書では民衆教育の現状に関して、以下に述べるように三つの立場、すなわち維持・発展論者、制度包摂論者、限界論者があると考えた。先述の通り民衆教育は、ラテンアメリカの代表的な、特にノンフォーマル教育における思想・実践として、社会変革を目指すという性格を持ち、フレイレの教育思想を共通の拠り所として存在してきた。しかし新自由主義的経済政策の導入や軍事政権の民主化、東西冷戦構造の崩壊やマルクス主義の退潮といった社会の変化の中で、民衆教育関係者の中から民衆教育の理論的・実践的再構築を模索する動きが生まれた[13]。その中心にあったのがラテンアメリカ・カリブ海地域の民衆教育に関する議論や情報交換を行う国際団体ラテンアメリカ・カリブ民衆教育協議会(Consejo de Educación Popular de América Latina y el Caribe: 以下CEAAL)である。ペルーのCEAAL加盟団体である教育NGO、TAREA[14]のネリダ・セスペデスは、社会をより公平・公正なものに変えようとする民衆教育の目的は変わらないものの、経済状況だけでなく先住民やジェンダー等、より多様な排除や差別の解消を目指すようになったと捉えている[15]。本書では、このCEAALの立場を、民衆教育は現在も存在し、かつそのテーマが広がっているとする立場(**維持・発展論者**)と捉え、第2章で取り上げる。

一方で、アーノブ、フランツ、トレスらは、ラテンアメリカの民衆教育について、そのプログラムはコミュニティ・レベルでは一般的に有効であるが、しばしば政策レベルでの変化はもたらさないとしている。新自由主義的な政策を取る政府は民衆教育プログラムを国の取り組みの代替物と捉えるとともに、近年教育予算が学校教育を中心に配分され、識字教育や成人教育といった民衆教育への資金提供が底をつき始めていると指摘する[16]。では具体的に一国の教育政策との関連において民衆教育の現状がどのようなものであるか、本書ではペルーについて以下の二つの立場があると考えた。

ペルーの民衆教育の現状について、ペルー問題研究所(Instituto de Estudios Peruanos)の教育専門家であるリカルド・クエンカは、現在では民衆教育と呼ばれるような実践はほとんど消滅しているとする。この背景として、民衆教

育の活動を支えたNGO等の市民社会への外国からの資金援助が、ペルーの経済成長、所得の向上により少なくなったことを挙げる。加えて、教育省による未成年への学校教育である普通基礎教育や、代替的基礎教育と呼ばれる成人教育の領域への関与が拡大したことや、市民社会の提案が教育省に政策として取り入れられるようになったこともあり、市民社会自体が代替案を提示できなくなり、活動領域も非常に縮小していると指摘する[17]。ただし見方を変えれば、民衆教育として担われたような「社会を変える」ための教育は、社会的公正の観点から、公教育の中に取り込まれるようになったと考えることもできる。このように民衆教育は消滅、あるいは制度に包摂されたという立場を、本書では**制度包摂論者**と捉える。この立場については、1968年に成立した軍事政権以降の教育政策の変化との関連を踏まえて、第3章で詳述する。

　また、ペルーで民衆教育に影響を受けた共同体教育政策の関係者には、民衆教育の限界を指摘する意見も見られる。本書ではこの立場を**限界論者**と捉える。共同体教育とは、2003年の総合教育法によって設けられた領域であり、先住民の文化・知の継承、ジェンダーに関する教育、環境教育等、主に既存の学校教育制度の範囲外にあり、共同体やNGO、教会等の市民社会[18]によって担われる教育・学習活動である。共同体教育の政策形成には、働く子どもの運動への支援を行う団体Ifejantを主宰するアレハンドロ・クシアノビッチ[19]、アンデスやアマゾンの農業や文化的活動の支援を行う団体PRATEC創設者の一人であるグリマルド・レンヒフォ[20]など、市民社会の立場から、社会的に疎外された状況に置かれた子どもの教育、先住民の教育に関与し、考察を行ってきた論者が参加している[21]。この立場の特徴は、維持・発展論者と比べて民衆教育をより狭く捉えることである。クシアノビッチは、民衆教育とは歴史的に産業化社会と関連したものであり、根本的には上からのもの、既存の社会に「民衆」を適合させようとするもの、という批判的な見解を示した。そうした民衆教育に対して、共同体教育は、国家が存在する以前から共同体に元々存在した教育機能、知の伝承である、とす

る。レンヒフォは、民衆教育とは基本的にフレイレ派であり、民衆教育と共同体教育は共有する領域もあると指摘する。しかし、民衆教育はあくまで政治的な目的を持つものであると同時に、反資本主義の姿勢を根本に持つという点で、そうした点を主眼としない共同体教育とは異なるという。また、民衆教育が先住民の教育についても包摂するようになったというCEAALの1990年代以降の議論については、懐疑的である[22]。なお、教育省の共同体教育担当職員は、共同体教育は、政治的側面はともあれ、教育学的側面ではフレイレ派であると述べており[23]、民衆教育では社会変革のために政治的に働きかけるという点が共同体教育と異なると捉えていると考えられる。限界論者の立場については、第4章で詳述する。

上記三つの立場から見る民衆教育の現状とは、個々の具体的な実践を表したものというよりは、実践・実態を踏まえた上でそれぞれの立場の論者が捉えたものである。これらを用いた本書の分析においても、理念的側面の比重が大きくなっていることをあらかじめ断っておく。

本書では維持・発展論者の立場を肯定しつつ、ペルーの教育制度や学校教育をめぐる現状に鑑みて、制度包摂論者・限界論者の立場を考慮すべき点として提示したい。また、民衆教育の現状を消極的に評価する制度包摂論者・限界論者においても、民衆教育がペルーの教育制度や学校教育に影響したという見解が見られる。このため、三者の立場から総合的に民衆教育の現状に対する多面的理解を深め、民衆教育の現代的意味を考察したい。

(2) 学校教育における民衆教育

分析の第二の視点は、学校教育の社会的・政策的重要性がより増し、成人教育の政策的優先性が低下する中で、民衆教育が変容してもなお可能な民衆教育の形とは何かを明らかにすることである。先述の通り民衆教育は、既存の学校教育に対する代替案として、NGOによる都市周辺部の子どもへの教育活動、夜間学校、先住民の教育政策といった、一般的な学校教育からこぼれ落ちた人や、それに馴染まない人への教育の背景について語る際に、しば

しば言及される。そして中には学校教育として取り組まれるものも存在する。そこで、主としてノンフォーマルな成人教育の分野で取り組まれてきた民衆教育が、実際に学校教育にどのように取り入れられたのかを検討するため、マントック（キリスト教徒の働く青少年運動、Movimiento de Adolescentes y Niños Trabajadores Hijos de Obreros Cristianos：MANTHOC）とフェ・イ・アレグリア（信仰と喜び、Fe y Alegría）という二つのNGOの事例を取り上げる。

　ブラジルの民衆教育を研究した二井は、先行研究の限界として、フレイレの指摘した識字のもつ政治性や、社会変革を目指すという点から、階級闘争という性格が一面的に強調されがちであったことを指摘する。またこうした視点は、現実の諸問題に直面しその解決を追求しながら、既存の学校体系への接続を志向し経済的自立を図っていく民衆の多様な価値観や、外部アクターや学校教育等への社会的インパクトを見落とすことにつながり、先行研究が民衆教育の実態から遊離した、ある種の政治的・理念的なものとなりがちであったとする[24]。こうした二井の指摘の通り、民衆教育に関する論考では民衆教育の理念型が描かれるが、それは必ずしも民衆教育として行われるものの実態を表していない、あるいは表すのに十分ではない場合があると考えられる。本書でもこの点に留意し、民衆教育という思想・実践のどういった部分が学校教育の中にどのように取り入れられたのかを検討したい。

4. 先行研究

　ラテンアメリカの民衆教育の背景・特徴・課題を扱った先行研究は第1章で詳細に検討するが、ここで本書の課題と関連する主な先行研究を取り上げておきたい。先述のCEAALに関わるアルフォンソ・トレス（Alfonso Torres 2007）は、1980年代以降の社会の変化を受けた民衆教育の性質の変容に関して、CEAALにおける議論を中心に分析している[25]。ここでは、民衆教育が社会を把握する枠組みや理念、方法論、対象者といった概念的な観点から民衆教育がどのように変容したのかが中心になっており、具体的にどのような

形で概念の変容が実践に反映されているのかについては述べられていない。またケイン（Kane 2001）は、民衆教育の変容やその役割の再考に関する議論を含め、民衆教育に関する議論や実践を包括的に論じている[26]。社会の変容と民衆教育の関連については第2章で検討する。

　ペルーでは、先述の教育に関する出版活動を行うTAREAを中心に民衆教育に関する資料、先行研究が存在する。ただし民衆教育関連の書籍の出版時期は1990年代前半までが中心になっている。その中では、シメ（Sime 1990, 1991）が1980年以降の民衆教育に関する複数の著者の論考をまとめている[27]ほか、1979年、1980年、1981年にTAREA主催で開催された民衆教育全国会議の資料を収めている。その上で、1970年代から1980年代の民衆教育の議論が階級意識を中心としたものから民主主義を重視したものに変化しつつあること、先住民の存在を考慮した多文化的な（pluricultural）視点が必要になることを指摘し、1990年代の課題とした[28]。本書では、これらの資料や先行研究を踏まえつつ、1990年代後半以降の教育政策やNGOの活動に民衆教育のどのような点が取り入れられ、また限界が見出されたのかを検討していく。

　日本ではラテンアメリカ地域の教育研究自体、非常に数が限られているが、その中でニカラグアやブラジルを中心に民衆教育に関連する研究が存在する。松久（1993）[29]は、女性を対象とした複数のノンフォーマル教育の実践における女性の位置付けや成果と課題を検討し、その中でNGOなどが担う民衆教育の実践例を取り上げている。

　また松久（1992a, 1992b, 1994）や牛田（1996, 2007）[30]は、中米ニカラグアにおいて、1979年に独裁政権を倒したサンディニスタ革命政権下で実施された民衆教育と、その後の政策転換について検討している。

　ブラジルでの民衆教育の実践に関しては、ブラジリア連邦区内の民衆教育活動の組織化と変容、識字教育政策との関連について論じた二井（2004, 2008, 2009, 2010）[31]や、パラ州における子どもの権利保護を目的とするNGOの活動を取り上げた田村（2009, 2013）[32]がある。また、ブラジルのガ

ドッチ(2003)³³は民衆教育の歴史と思想に関する論考を著しており、野元(2002)³⁴は1990年代前半のブラジル、サンパウロの教育長としてのフレイレの民衆公教育の取り組みを取り上げている。

　ノンフォーマル教育について論じた丸山・太田(2013)は、社会変革を目指す教育実践としての民衆教育は、狭義のラテンアメリカにおける実践だけでなく、北欧のフォルケホイスコーレ(民衆大学)も民衆教育と呼びうること、1950〜60年代に日本で興隆した学習文化運動とも共通性を持つことを指摘している³⁵。また、太田(2011)は、スウェーデンにおける民衆教育(folkbildning)を近代教育制度からはみ出た人々の中から生じたものとして、近代教育制度に組み込まれた成人教育と対比し、1960年代にフレイレの教育思想の影響を受けて発展したラテンアメリカの民衆教育とも共通点があるとする。スウェーデンの民衆教育は、それが組織化され始めた19世紀末から20世紀初頭には、主流文化からはみ出た労働者や農民が社会的・文化的平等を獲得するための手段であったが、現代ではそうした目的がある程度達成され、民衆教育の闘争的性格が薄れ、環境運動や女性運動といった「新しい社会運動」や移民への教育との関わりを持つようになったこと、かつて運動の手段として組織化された民衆教育が現代では逆に運動を推進する基盤となっていることを指摘する³⁶。スウェーデンにおけるこのような民衆教育の性格の変容は、社会的文脈の異なるラテンアメリカにそのまま当てはまるものではない。しかし1970年代以降の社会運動の変容はラテンアメリカにおいても見られ³⁷、本書で検討するラテンアメリカの民衆教育の変容や、世界経済フォーラム(ダボス会議)に対抗して始まった「新自由主義、資本による支配、帝国主義に反対する」世界社会フォーラム(World Social Forum)と民衆教育との関連³⁸のように、スウェーデンの民衆教育との共通点も見られる。

5. 本書の構成

　本書ではまず、第1章でラテンアメリカの民衆教育が形成された背景とその特徴・課題を述べる。第2章以降は大きく二つの部分から構成される。第2章から第4章では、本研究の第一の視点である民衆教育の変容と現状を多面的に理解するため、本章第3節で取り上げた三つの立場を各章で述べる。第2章で取り上げるCEAALはラテンアメリカの国際的な連携を元に民衆教育の現状を捉えているが、これを一国の教育政策や教育状況に照らし合わせて考察するため、第3章、第4章ではペルーの教育政策との関連を元に述べる。これに続く第5章、第6章では、本研究の第二の視点について、民衆教育や社会の変容を経た上でどのような民衆教育の形があるのかを明らかにするため、ペルーで学校教育に民衆教育の要素を取り入れた二つのNGOの事例から検討する。そして終章において第一の視点、第二の視点を踏まえて、民衆教育の現代的意味を考察する。

　第1章では、ラテンアメリカの民衆教育が先進国や国際機関主導ではなく、ラテンアメリカで生まれた歴史的・思想的背景を考察し、1980年代までを中心に、先行研究から民衆教育の特徴と課題を把握する。この中で、第2章以降で述べる民衆教育の変化を論じる上で焦点となる社会変革の性質、先住民や文化的多様性に関してどのように捉えられていたのかも検討する。

　第2章では、第1章で検討したラテンアメリカの民衆教育の特徴が、特に1990年代以降どのように変容したのかを考察する。その際、現在も民衆教育について国際的に活発な議論を展開しているラテンアメリカ・カリブ民衆教育協議会(CEAAL)の議論を中心に取り上げ、民衆教育として取り上げられるテーマの変遷、その背景にあった社会的な変化を明らかにし、考察に用いる。なお、第2章で取り上げる内容は、先述の民衆教育の現状に関する三つの立場のうち、維持・発展論者の立場に該当する。

　第3章以降は、主としてペルーにおける状況を元に議論を進める。第3章では、民衆教育が有効性を失ったとする制度包摂論者の立場がペルーの教育

政策の状況をどのように捉えたものであるのかを考察する。ここでは、ペルーの民衆教育に影響を与えた20世紀前半の思想家・教育活動を取り上げる。その上で、1968年の軍事政権以降、ペルーの教育政策において民衆教育からどのような影響があったのか、また市民社会から教育政策に対してどのような働きかけがあったのか、特に2003年総合教育法制定への関与に着目し、考察する。1968年以降に焦点を当てるのは、当時フレイレの教育思想が知られるようになると同時に、クーデターを起こした軍事政権自体が社会構造の変革を目指し、教育改革をその重要な要素と捉えていたためである。そして2003年総合教育法制定に着目する理由は、第一に、同法制定に至るまでに、かつて民衆教育の活動に関与した教育関係者が関わっていること、第二に、同法の代替的基礎教育や第4章で取り上げる共同体教育の中に、かつて民衆教育として取り組まれたような活動が含まれるためである。

　第4章では、先述の民衆教育の現状に関する三つの立場の中で限界論者に当たる、共同体教育の政策について、民衆教育との思想的相違を踏まえて考察する。共同体教育は2003年総合教育法において新たに設けられた領域であり、教育内容や背景において民衆教育から引き継ぐ部分や、第2章で扱うCEAALと共通する部分もあるが、思想的には既存の学校教育や民衆教育とのつながりを持ちながら、これらに批判的な立場を取る。

　第5章、第6章では、民衆教育に影響を受けたマントックとフェ・イ・アレグリアという二つのNGOによる学校教育の事例をそれぞれ検討する。これらの事例を取り上げるのは、第3章に関して触れたようにペルーにおける民衆教育の現状に否定的な見方が存在する中で、これらは民衆教育の理念が学校教育においても有効であると評価しており、学校の中で民衆教育の思想・実践を具体的にどのように反映してきたかを考察する好例であるためである。これらの事例を踏まえて、どのような形であれば民衆教育が現在も存在し、有効であると考えられるのかを考察する。

　終章では、第2章から第4章で検討した民衆教育の現状に関する三つの立場の議論を踏まえ、民衆教育という思想・実践・運動がどのように変容した

のかを考察する。そして第5章、第6章の事例から、学校教育を中心とした制度化された教育の枠組みの中に取り込まれるのか、制度化された枠組みの中でどのように「社会を変える」ことを訴えるのかを考察し、最後に、民衆教育の現代的意味について述べる。

6. ペルー基礎情報、教育制度、教育状況概要

ここで、第3章以降で取り上げるペルーの基礎情報および教育制度、教育状況の概要を述べる。

(1) ペルー基礎情報

ペルーは南米大陸の太平洋側に位置し、その国土は乾燥した砂漠が広がる海岸地域(コスタ)、アンデス山岳地域(シエラ)、アマゾン熱帯雨林地域(セルバ)を抱える。太平洋に面したコスタはペルーの政治経済の中心であり、首都リマもコスタにある。インカ帝国の中心であったクスコはシエラに位置する。シエラは先住民人口が多く、インカ帝国の公用語であったケチュア語話者も多い。また、ボリビアと国境を接するプーノ州を中心に、ボリビアの先住民の間で広く話されるアイマラ語話者が存在する。セルバは、コスタ、シエラ、セルバの中で最も広く、国土面積の60.3％を占めるが、人口は全体の14.0％と人口密度の低い地域である[39]。現在話者の存在する先住民言語は国内に47言語あり、そのうちアンデス地域の言語が4言語、アマゾン地域の言語が43言語である[40]。

ペルーの国土面積は日本の約3.4倍、2015年の人口は3,115万人であり、人口の56.3％が国土面積の11.7％を占めるコスタに居住し、中でもリマ首都圏には全人口の31.8％が集中する[41]。これは1940年代以降、シエラからリマへの国内移住が進んだためである。資本を持たずに都市に移動してきた人々は、使用されていない土地を集団で占拠し、ムシロで囲った家を建てて居住を既成事実化した。リマには砂漠地帯や砂山、岩山など使用されていな

い土地があったほか、湿度が高く曇天が続く季節はあっても、降水量が非常に少ないため、こうした居住が可能であった。その後、移住民は占拠した土地の権利獲得と、その地の上下水道や電気などのインフラ整備のために集団で政府と交渉した。本書で特にリマの都市周辺部、あるいは大衆居住区（distrito popular）と表現するのはこうした歴史を持つ地域を含む。本書第3章で取り上げるベラスコ軍事政権時代には、こうした地域は差別的な意味合いを持つバリアーダ（barriada）ではなくプエブロ・ホベン（pueblo joven：若い村）と名付けられ、1980年の民政移管後はアセンタミエント・ウマノ（asentamiento humano：人間居住区）とも呼ばれる。なお、リマ内部ではシエラからの移住者たちが居住する地域と、中産階級以上の人々が住む地域は明確に分かれ、街や人々の雰囲気、治安状況も異なっている。例えば、リマの街の中心部では街路樹や植え込みが丹念に整備され、ビルやマンション、コロニアル風の邸宅がある。これに対し同じリマ市内であっても、中心部から車で30分ほど離れると、植え込みなどはなくなり、元が砂漠地帯であるせいか砂塵が多く、2階部分などが建てかけの家が見られるようになる。家が建てかけなのは、資金ができ次第、住人が増築するためである。なお初期の開発から半世紀以上を経る中で、住宅の建築資材もレンガやコンクリートなどより強固なものになり、都市周辺部の住民の学歴や所得水準、職業も変化してきている[42]。

(2) ペルーの学校教育制度と教育状況
①学校教育制度の変遷

次に、ペルーの学校教育制度の変遷を見る。ペルーは1821年にスペインからの独立を宣言し、1828年の憲法で初等無償教育が規定されたが、これはほとんど空文に留まっていた。1833年布告で初等無償教育の内容が規定された。この教育内容も目新しいものではなく、読み・書き・計算・宗教・スペイン語文法、女児はこれに加えて裁縫という、従来から教会の教区学校で行われていたものであった。ペルーが統一的国家教育制度の構想を持ち始めたのは1869年「教育高等会議（Consejo Superior de Instrucción、のちに教育国

家会議（Consejo Nacional de Educación）と改称）」を設置してからのことである。ただしこの頃、総人口14万人のリマ市において、教育費が公的に負担された小学校児童数はわずか1,148名、全国の小学校数は1,400校のみであった。富裕層子弟には、家庭教師や教会学校などの教育機会があったが、一般庶民には全くと言ってよいほど学校がなく、またその必要性も認識されていなかった[43]。

　1901年には男児6歳から14歳、女児6歳から12歳までの義務教育学校が組織されることになり、小学校に関しては2年制都市小学校と1年制農村小学校の2種類が設置されることになった。その後、レギア大統領期（1919～1930年）にアメリカの教育顧問団を迎えて制定した1920年の教育基本法（Ley Orgánica de Enseñanza、法令第4004号）により、初等・中等・高等教育に至る一貫した教育制度が成立した[44]。同法の教育制度は、初等段階では無償・義務制の一般教育および職業教育、中等段階では義務制の一般教育および職業教育、そして高等教育から構成された[45]。

　ベナビデス政権期（1933～1939年）には都市部で初等教育が普及した。1941年、プラド大統領期（1939～1945年）には公教育基本法（Ley Orgánica de Educación Pública、法令第9359号）が制定された。同法では大枠としては1920年の教育法を踏襲しながら、それ以後の変化も踏まえて658条にわたる詳細な規定がなされている。なお同法下の教育体系は、初等教育6年、中等教育5年となり、同法はその後30年余りにわたって有効であった[46]。オドリア政権期（1948～1956年）には都市部での中等教育が普及した。1940年代後半になると農村部での教育に力が入れられるようになった[47]。

　ベラウンデ政権期（1963～1968年）には、不就学者をなくすという目的の下、公立の小学校から大学までの無償教育制を定め、就学者数は大幅に増加した。しかし適切な教室と教員を用意することができず、1学級の人数が60人近くになることもあった。教員養成のために全県および多くの区（distrito）に師範学校が開設されたが、養成課程に必要な教員が不足し、教員養成のための教育を辛うじて受けた者や、時には単に中等学校を卒業しただけの者、

場合によっては中等学校すら修了していない者が教職に就くことがあった。数字上は就学者数と教員が劇的に増えたが、質は置き去りにされた[48]。

　1968年に軍事クーデターによって成立したベラスコ政権(1968〜1975年)以降の教育制度・状況は第3章で詳述するが、ここでも簡単に触れておく。ベラスコ軍事政権は、ペルー経済の古い構造を改革し、生産組織を合理化して開発と発展の道を開こうとした。このため、農地改革や産業の国有化等を行って古い寡頭支配層の特権を廃止し、富の公平な分配を目指した。こうした理念の下で制定された1972年の総合教育法(Ley General de Educación、法令第19326号)は、伝統的な社会構造の変革へ向けての重要な要素として教育を挙げ、「意識化」による批判的意識の形成と、共同体の積極的かつ継続的な参加を特徴とすることとされた。同法では、初等・中等教育の区切りをなくして9年間の基礎教育とする大幅な学校教育制度の変更が定められた。しかしこれは徹底されず、民政移管後の1982年の総合教育法(Ley General de Educación、法令第23384号)では再び初等教育6年、中等教育5年間に戻り、2003年総合教育法(Ley General de Educación、法令第28044号)でもこれが踏襲されている。

　2003年総合教育法において、基礎教育制度は普通基礎教育(Educación Básica Regular)と代替的基礎教育(Educación Básica Alternativa)、特別基礎教育(Educación Básica Especial)の3様式に大別される。普通基礎教育における義務教育期間は、3〜5歳の就学前教育(3年間)、6歳以上の初等教育(6年間)、中等教育(5年間)となっており、公立学校ではいずれも無償である。小学1年生から2年生は自動進級制であるが、それ以降は原級留置の制度がある。高等教育には大学と、教員養成機関など非大学型の高等教育機関がある。大学は5年制である。

年齢	学年			
24			大学院	
23				
22				
21	5	高等教育		
20	4			
19	3		大学	大学以外の高等教育
18	2			
17	1			
16	5			
15	4			
14	3		中等教育	
13	2			
12	1			
11	6			
10	5			
9	4	基礎教育	初等教育	
8	3			
7	2			
6	1			
5			第2サイクル	
4				就学前教育
3				
2			第1サイクル	
1				
0				

代替的基礎教育 ／ 技術生産教育

図 序―1　ペルー学校体系図

(出典：Ley General de Educación Ley Nº 28044、Decreto Supremo Nº011-2012-EDを参照し筆者作成。※法律上は基礎教育全体が義務教育だが、就学前教育で就学が重視されるのは第2サイクル（3歳～）である）

②就学率の推移

　ここで、ペルーにおける学校教育の普及状況を見るため、就学率の推移を確認する。まず初等教育就学率について、表序-1に示すように約10年ごとの変化を見ると、初等教育レベルにおける教育機会の普及はある程度達成してきていることがわかる。

表 序―1　ペルー　初等教育就学率（1970 ～ 2010年）

	1970年	1980年	1993年	2000年	2010年
初等教育粗就学率	104.9%	112.7%	116.6%	121.3%	110.4%
初等教育純就学率	76.5%	85.6%	93.7%	97.6%	96.2%

(出典：UNESCO Institute for Statistics[49]より筆者作成。1990年初等教育純就学率データ欠損のため、1993年のデータ記載)

中等教育に関しても表序-2に示すように、2010年の純就学率は初等教育と比較すると低いものの、粗就学率は1970年から2010年の40年間に58.9ポイント増加し、純就学率も同じ期間に53.4ポイント増加するなど、中等教育の普及も進みつつあることがわかる。

表 序―2　ペルー　中等教育就学率（1970～2010年）

	1970年	1981年	1990年	2000年	2010年
中等教育粗就学率	35.8%	57.6%	67.1%	84.7%	94.7%
中等教育純就学率	26.3%	*44.9%	―	65.0%	79.7%

（出典：UNESCO Institute for Statistics[50]より筆者作成。1980年中等教育純就学率データ欠損のため、1981年のデータ記載。1981年純就学率はユネスコ統計局推計値。1990年純就学率データ欠損）

③非識字率の推移

　最後に、フレイレが成人識字教育を通して学習者の政治的意識の向上を目指したように（第1章で後述）、民衆教育の中の重要な実践として識字教育があることから、非識字率の推移を見てみる。1981年から2015年にかけてのペルーの15歳以上の人口における非識字率の推移は、表序-3の通りである。

表 序―3　15歳以上の非識字率の変遷

	1981年	1993年	2001年	2015年
全国	18.1%	12.8%	10.5%	6.0%
男性	9.9%	7.1%	5.2%	3.0%
女性	26.1%	18.3%	15.9%	8.9%
都市	8.1%	6.7%	5.3%	3.5%
農村部	39.5%	29.8%	23.3%	14.8%

（出典：1981年、1993年の数値はCensos Nacionales de 1981 y 1993 en INEI. *Perú – Perfil sociodemográfico del Perú*[51]、2001年、2015年の数値は教育省統計ESCALE[52]による）

1981年の数値を見ると、全国レベルの非識字率は18.1％であり、女性は26.1％、農村部の住民は39.5％と、特に女性と農村部の住民の非識字率が高い。その後の約10年ごとの数値の変遷を見ると、非識字率は全体的に低下しつつあることがわかる。依然として、2015年においても女性の方が男性よりも非識字率が約3倍高く、農村部の方が都市部よりも約4.2倍高い。また、表にはないが、15歳から24歳の若年層の非識字率は、2001年に2.9％であったのに対し、2015年には1.0％に低下しており[53]、これは基礎教育普及の結果であると考えられる。

これらの数値を見ると、1981年時点では識字教育への需要が高かったと考えられる。しかし、2015年の全国レベルでの非識字率6.0％と、1981年の約3分の1に低下しており、大規模な識字教育運動等が必要というよりは、特に先住民言語などの地域の事情に応じた、より個別的な対応が求められる時代になっている。

本書では、上記のように就学率が向上し、非識字率が低下する中で、ペルーの民衆教育が学校教育への関与を重視していったことを述べていく。

以上を踏まえた上で、第1章ではまずラテンアメリカにおける民衆教育の形成とその特徴・課題について見ていく。

注

1　伝統的にラテン的文化を引き継ぐ地域としてスペイン語圏とブラジル、ハイチがラテンアメリカと呼ばれたが、1960年代以降、旧イギリス領、旧オランダ領で独立国が生まれたことを考慮して、国際機関などではラテンアメリカとは別にカリブ海地域と表現し、両地域を含むラテンアメリカ・カリブ海地域の呼称が用いられるようになっている。本書では、日本での慣用にしたがい、カリブ海地域も含むものとしてラテンアメリカの呼称を用いる（国本伊代・中川文雄編『ラテンアメリカ研究への招待（改訂新版）』新評論、2005、pp.27-28、増田義郎「ラテンアメリカ　総論」大貫良夫ほか監修『新版　ラテンアメリカを知る事典』平凡社、2013、p.442参照）。

2　アーノブ，ロバート・F、スティーヴン・フランツ、カルロス・アルベルト・トーレス「ラテンアメリカの教育：依存と新自由主義から開発の代替的道へ」アー

ノブ、ロバート・F、カルロス・アルベルト・トーレス、スティーヴン・フランツ編著、大塚豊訳『21世紀の比較教育学：グローバルとローカルの弁証法』福村出版、2014、pp.486-487。
3 Torres Carrillo, Alfonso. *La educación popular: trayectoria y actualidad*. Bogotá, D. C.: Editorial El Búho, 2007, p.15, pp.18-19.
4 Mejía, Marco Raúl. "Las tareas de la refundamentación: la educación popular hoy." *La Piragua*. N°6, 1993, pp.17-29; Torres Carrillo, Alfonso. 2007, *op.cit*., pp.41-51.
5 例えば、岡田勇『資源国家と民主主義：ラテンアメリカの挑戦』名古屋大学出版会、2016、pp.250-330、新木秀和『先住民運動と多民族国家：エクアドルの事例研究を中心に』御茶の水書房、2014、pp.146-163など参照。
6 ラテンアメリカでは1980年代の経済危機と、IMFや世界銀行が主導する新自由主義的政策への転換、そして経済のグローバル化の影響を受け、国際競争力の向上が重要課題として認識され、1990年代半ば以降、学習到達度を測るための国際・国内学力調査が実施されるようになった。しかしOECDが行う学習到達度調査PISAや、ユネスコのサンティアゴ事務所のラテンアメリカ教育の質評価研究所（Laboratorio Latinoamericano de Evaluación de la Calidad de la Educación：以下LLECE）によるラテンアメリカ域内の学力調査、各国内で行われる学力調査の結果は、概して成績上位層が薄く、期待される水準に到達していない児童・生徒が大部分を占めることを明らかにしてきた。例えば2015年に実施されたOECDのPISA調査には、ラテンアメリカからOECD加盟国のチリとメキシコを含む10カ国・地域が参加したが、各国平均点は調査対象の数学的リテラシー、読解力、科学的リテラシーのすべてにおいてOECDの平均点を下回った。また、LLECEが2013年に実施した第3回地域比較・分析調査（TERCE: Tercer Estudio Regional Comparativo y Explicativo）では、結果が生徒の学習到達度に従って4段階（レベルVI〜レベルI、レベルVIが最高）で示される。地域平均のレベルII以下の生徒の割合は、言語のテストでは小学3年生の60％、小学6年生の72％、算数では小学3年生の71％、小学6年生の82％、理科では小学6年生の80％にのぼる。これらの学力調査は、各国に対して身に付けるべき能力（リテラシー）の内容についての検討、国際競争を目指した教育改革を迫るとともに、各国内の社会経済的、文化的に異なる諸集団間の教育機会の公正性を問う意義を含むと指摘されている（斉藤泰雄「ラテンアメリカにおける学力国際比較調査：概況と関心の焦点」『国立教育政策研究所紀要』第138集、2009、pp.3-4；OECD. *PISA 2015 Results (Volume I): Excellence and Equity in Education*. Paris: PISA, OECD Publishing, 2016, p.44; LLECE. *Informe de resultados Terce. Cuadernillo N°2 logros de aprendizaje*. Santiago de Chile: UNESCO, 2015, p.139；江原裕美「ラテンアメリカ：植民地遺制と

経済社会構造による格差に挑戦する国々」佐藤学・澤野由紀子・北村友人編著『揺れる世界の学力マップ』明石書店、2009、p.226）。

7 Mejía, Marco Raúl. 1993, *op.cit.*, p.29.
8 チリ、アルゼンチン、ウルグアイ、ブラジルが軍事政権以前の文民政権時代にポピュリズム政策を実行したのに対し、文民ポピュリズム政権が独自に政権を握れなかったペルーでは軍事政権が工業化・社会労働立法や国民文化称揚などのポピュリズム政策を実行しようとしたという性格の違いもある（恒川惠市「IV 二十世紀後半の南アメリカ 第1章 総説」増田義郎編『ラテン・アメリカ史II 南アメリカ』山川出版社、2000、pp.384-389）。
フレイレはブラジルの軍事政権以前のゴラール政権（1961～1964年）下で全国規模の成人識字教育の計画に携わったが、1964年の軍事クーデターを受けて、ボリビア、のちにチリに亡命した（ガドッチ，モアシル著、里見実・野元弘幸訳『パウロ・フレイレを読む：抑圧からの解放と人間の再生を求める民衆教育の思想と実践』亜紀書房、1993、pp.71-81）。
9 松久は、ノンフォーマル教育は数多くの実践があるが、プログラムの性格上、実践報告の出版に至るものが少なく、特に民衆教育の場合、実践と方法論の研究を行う機関があるペルー（TAREA）やチリ（CIDE）などに資料が偏ると指摘している（松久玲子「ラテンアメリカにおける女性を対象としたノンフォーマル教育」『同志社外国文学研究』第66号、1993、p.89、注（22））。
10 Haboud, Marleen et al. "Linguistic Human Rights and Language Revitalization in Latin America and the Caribbean." in Coronel-Molina, Serafín M. and Teresa L. McCarty (eds.). *Indigenous Language Revitalization in the Americas.* New York: Routledge, 2016, p.203, Table 10.1.
その他にもロペスとキューパー（López y Küper 1999）は推計として、ラテンアメリカにおいて人口に占める先住民の割合が多い国として、多い順にグアテマラ、ボリビア、ペルー、エクアドルを挙げている。彼らはグアテマラとボリビアの人口に占める先住民の割合を約60％、エクアドルとペルーは25～35％と推計している。先住民人口の推定には言語や自己認識など様々な方法が用いられ、日本の外務省は、ペルーの先住民人口を45％とする。ペルーの国勢調査では自己認識による先住民人口の調査は2017年に初めて実施された。2007年の国勢調査では幼少期に習得した言語が先住民言語であるかどうかが調査されたのみであり、該当者は人口の15.9％であった（INEI）。(López, Luis Enrique y Wolfgang Küper. "La educación intercultural bilingüe en América Latina: balance y perspectivas." *Revista Iberoamericana de Educación.* N°20, 1999, p.31、外務省「ペルー基礎情報」（http://www.mofa.go.jp/mofaj/area/peru/data.html#section1、2017年8月29日確認）、INEI (Instituto Nacional de Estadística

e Informática). *Censos Nacionales 2007*. (http://censos.inei.gob.pe/Censos2007/IDSE/、2017年8月29日確認))

11 岡田勇「中央アンデス諸国の先住民運動：アイデンティティによる組織化の比較」村上勇介・遅野井茂雄編著『現代アンデス諸国の政治変動：ガバナビリティの模索』明石書店、2009、pp.145-148。
　この他に、以下の要因が指摘されている。①ペルーにおける先住民が多様であり、多様性の中で、共通したアイデンティティが生まれなかったこと、②近代化と経済変動の過程で、アンデス高地の農村からリマなど海岸地域の都市へ大規模な人口移動が起こり、移住者の間で先住民としての自己認識が薄れたこと、③1980年代から1990年代のテロの蔓延と政府の暴力的対応が、先住民運動を含む草の根の政治社会運動を封殺したこと、④先住民による最後の帝国インカに関する象徴を、非先住民系のエリートや混血の人々が国民国家形成の過程で自分たちのアイデンティティに組み込んだため、のちに先住民系の人々が自らのアイデンティティの一部として用いることができないこと、⑤左翼勢力が政治戦略の一環として、1930年代からペルーの農村地域で活動を展開し、労働者と農民の間の連合を打ち立てようとしたが、左翼勢力は先住民という民族的・文化的側面を強調せず、マルクス主義イデオロギーに基づいた階級闘争、経済利害の言説を広め、1970年代から1980年代にかけて一定の勢力を得た際にも同様に先住民性を重視しなかったこと、である（村上勇介「中央アンデス三カ国の政党：制度化の視点からの比較研究」同上書、pp.111-112）。

12 Kane, Liam. "La educación popular vista 'desde muy lejos'." *La Piragua*. Nº21, 2004, p.69; 分類は若干異なるが、Kane, Liam. *Popular Education and Social Change in Latin America*. London: Latin American Bureau, 2001, p.230 も参照。

13 Kane, Liam. 2001, *op.cit.*, pp.214-237 (Chap.9).

14 TAREAは1974年設立の非営利団体であり、2017年8月のウェブサイト情報によると会員は17名である（http://tarea.org.pe/acerca-de-tarea/、2017年8月27日確認）。TAREA自体は当初は『TAREA民衆教育レポート』(*Boletín Tarea de Educación Popular*) を刊行し、民衆教育や教育と社会運動に関する新たな考察を提示し、教育者間の連携強化の必要性を訴えた。その後国の変革における教員の積極的な役割を認識し、TAREAと教員との関係が深まり、民衆教育の観点からフォーマル教育とノンフォーマル教育との接合を図るという意味合いから、15号より誌名が『Tarea　教育と文化』(*Tarea, Revista de Educación y Cultura*) に変更された（Céspedes, Nélida. "Tarea revista de educación y cultura." *TAREA*. Nº50, 2001, p.44）。TAREAのレポートは28号以降がウェブサイト上で公開されている（http://tarea.org.pe/edicion/edicion-94/http://tarea.org.pe/edicion/edicion-87/、2017年8月27日確認）。現在TAREAは、教育政策や農

村部での二言語教育等、教育に関する様々なテーマに取り組んでいる。

15　2014年9月5日リマ市内におけるネリダ・セスペデス（Nélida Céspedes）氏へのインタビューによる。
以下、インタビューを引用する場合のみ、各章初出時に人名のカタカナ表記に加えて、脚注にてアルファベット表記を行う。

16　アーノブ，ロバート・F、スティーヴン・フランツ、カルロス・アルベルト・トーレス、2014、前掲書、pp.486-488。
なお本書本文中では、Torres姓の表記はトレスに統一する。また本書引用文献著者には父方の姓がトレスの人物が2名いるため、同じ章で2名とも引用する場合、区別のためにそれぞれカルロス・アルベルト・トレス、アルフォンソ・トレスと表記する。

17　2014年11月10日リマ市内でのリカルド・クエンカ（Ricardo Cuenca）氏へのインタビュー時のフィールドノートおよびCuenca, Ricardo. *Cambio, continuidad y búsqueda de consenso, 1980-2011 (Colección Pensamiento Educativo Peruano Vol.15)*. Lima: Derrama Magisterial, 2013, pp.24-27, p.30, p.37参照。

18　市民社会に含まれる範囲について、IPEBA（ペルー基礎教育評価・認定・保証機関）はNGO、教会、労働や職業に関する領域で活動する様々な社会組織、労働者団体を挙げており、本書でもペルーの市民社会を同様に捉える（IPEBA (Instituto Peruano de Evaluación, Acreditación y Certificación de la Calidad de la Educación Básica). *Educación a lo largo de la vida: medios de articulación en el sistema educativo peruano*. Lima: IPEBA, 2011, p.47）。

19　アレハンドロ・クシアノビッチ（Alejandro Cussiánovich）は働く子どもの教育者育成機関Ifejant（Instituto de Formación para Educadores de Jóvenes, Adolescentes y Niños Trabajadores de América Latina y el Caribe）を主宰し、第5章で取り上げる働く子どもの運動マントックに開始時から関わる。なお、マントックは民衆教育から受けた影響を肯定的に捉えているが、クシアノビッチは現在民衆教育に対して批判的な見解を示している。

20　グリマルド・レンヒフォ（Grimaldo Rengifo）は、アンデスやアマゾンの農業や文化的活動の支援を行う団体PRATEC（Proyecto Andino de Tecnologías Campesinas）創設者の一人であり、メキシコでポスト開発思想の立場に立つグスタボ・エステバやメキシコ南部チアパス州で先住民の権利保障と自治を要求するサパティスタ民族解放軍（EZLN: Ejército Zapatista de Liberación Nacional）とも交流がある。なおグスタボ・エステバについては、北野収『南部メキシコの内発的発展とNGO：グローカル公共空間における学び・組織化・対抗運動』勁草書房、2008、第1章、第5章に詳しい。

21　アレハンドロ・クシアノビッチ氏へのインタビューは2014年12月6日、9日、

グリマルド・レンヒフォ氏へのインタビューは 2014 年 12 月 6 日、いずれもリマ市内で行った。
22 ただし、エクアドルのキトで 2014 年 8 月 29 日に行われた CEAAL の会議にはエクアドル人の先住民の女性も参加しており、先住民を民衆教育の対象と見なせるかどうかは国や当事者の認識によって異なるとも考えられる。
23 教育省共同体教育担当職員ホセ・バルガス（José Vargas）氏、エルナン・ラウラシオ・ティコナ（Hernan Lauracio Ticona）氏、ブラディミル・ウニャピルコ・チャンピ（Vladimir Uñapillco Champi）氏へのインタビュー（2014 年 9 月 4 日、フィールドノートより）。
24 二井紀美子『ブラジル民衆教育研究：パラノア文化発展センターにみる運動の組織化と参加者の変容を中心に』名古屋大学大学院教育発達科学研究科 2007 年度博士論文、2008、p.16。
25 Torres Carrillo, Alfonso. 2007, *op.cit.*
26 Kane, Liam. 2001, *op.cit.*
27 Sime, Luis (compilador). *Aportes para una historia de la educación popular en el Perú.* Lima: Tarea, 1990.
28 Sime, Luis. *Los discursos de la educación popular: ensayo crítico y memorias.* Lima: Tarea, 1991、特に pp.101-102。
29 松久玲子、1993、前掲論文、pp.54-89。
30 松久玲子「1980 － 1990 年ニカラグアにおけるサンディニスタ政権下の民衆教育」『同志社外国文学研究』第 62 号、1992a、pp.149-178、松久玲子「ニカラグアの教育システム分析：チャモロ政府の教育方針の転換に関する考察」『同志社外国文学研究』第 63 号、1992b、pp.32-79、松久玲子「ニカラグア：チャモロ政権の教育改革と成人教育」『ラテンアメリカ研究年報』第 14 号、1994、pp.254-280、牛田千鶴「社会変革過程としての識字教育」『神戸市外国語大学外国学研究』第 34 号（否定されてきたアイデンティティの再発見：ニカラグアにおける多様性の模索）、1996、pp.51-86、牛田千鶴「ニカラグアにおける『民衆教育』以後の社会状況と教育実践」牛田千鶴編『ラテンアメリカの教育改革』行路社、2007、pp.181-199。
31 二井紀美子「ブラジル民衆識字教育運動の形成に関する一考察：カトリック教会の果たした役割に注目して」『日本社会教育学会紀要』第 40 号、2004、pp.111-120、二井紀美子、2008、前掲論文、二井紀美子「ブラジルの生涯学習：1985 年民政移管後の民衆教育を中心に」『生涯学習・キャリア教育研究』第 5 号、2009、pp.17-26、二井紀美子「ブラジルにおける大学拡張と地域社会：ブラジリア大学と民衆教育の関係から」『浜松学院大学研究論集』第 6 号、2010、pp.109-126。

32 田村梨花「NGO による教育実践と子どものエンパワーメント：ブラジルの事例から」篠田武司・宇佐見耕一編『安心社会を創る：ラテン・アメリカ市民社会の挑戦に学ぶ』新評論、2009、pp.175-201、田村梨花「（コラム 27）ブラジルの民衆教育」丸山英樹・太田美幸編著『ノンフォーマル教育の可能性：リアルな生活に根ざす教育へ』新評論、2013、pp.180-185。

33 ガドッチ，モアシル著、野元弘幸訳「ラテンアメリカにおける民衆教育の歴史と思想」江原裕美編『内発的発展と教育：人間主体の社会変革と NGO の地平』新評論、2003、pp.355-382。

34 野元弘幸「ブラジルにおける民衆教育運動の現在：労働者党市政下サン・パウロ市における『民衆公教育』の試み」新海英行・牧野篤編著『現代世界の生涯学習』大学教育出版、2002、pp.286-298。

35 丸山英樹・太田美幸編著『ノンフォーマル教育の可能性：リアルな生活に根ざす教育へ』新評論、2013、pp.178-180。

36 太田美幸『生涯学習社会のポリティクス：スウェーデン成人教育の歴史と構造』新評論、2011、pp.10-11、p.21 注（28）、pp.269-270、pp.273-330、p.336。

37 大串和雄『ラテンアメリカの新しい風：社会運動と左翼思想』同文舘出版、1995。

38 太田美幸、2011、前掲書、p.281、大屋定晴「ラテンアメリカにおける批判的知の形成：パウロ・フレイレ、民衆教育から世界社会フォーラムへ」『唯物論研究年誌』第 15 号、2010、pp.131-132。

39 INEI. *Estado de la población peruana 2015.* (http://www.inei.gob.pe/media/MenuRecursivo/publicaciones_digitales/Est/Lib1251/Libro.pdf (2017 年 8 月 31 日確認)，p.4.

40 Ministerio de Educación. *Documento nacional de lenguas originarias del Perú.* Lima: Ministerio de Educación, 2013, p.16.

41 INEI. *Estado de la población peruana 2015.* pp.3-4, p.7. リマ首都圏（Lima Metropolitana）には、リマ郡（Provincia de Lima、通称リマ市）とカヤオ憲法郡（Provincia Constitucional del Callao）が含まれる。

42 筆者の観察および細谷広美「多様な人種構成と自然環境：コスタ・シエラ・セルバ」細谷広美編著『ペルーを知るための 66 章』（第 2 版）、明石書店、2012、pp.224-231 による。リマの都市周辺部の成り立ちから 2010 年までの人口増加、発展の様子については、Matos Mar, José. *Perú: estado desbordado y sociedad nacional emergente.* Lima: Universidad Ricardo Palma Centro de Investigación, 2012 に詳しい。

43 皆川卓三『ラテンアメリカ教育史 II（世界教育史大系 20）』講談社、1976、pp.19-22。

44 同上書、p.22。
45 Gonzalez, Osmar. *Nueva escuela para una nueva nación, 1919-1932 (Colección Pensamiento Educativo Peruano Vol.10)*. Lima: Derrama Magisterial, 2013, pp.10-11.
46 Palomino, Eduardo. *Educación peruana: historia, análisis y propuestas*. Lima: Pro Educación, 1993, p.20, pp.24-29.
47 Zapata, Antonio. *Militarismos y maestros indigenistas, 1933-1956 (Colección Pensamiento Educativo Peruano Vol. 11)*. Lima: Derrama Magisterial, 2013, p.49.
48 Rivero, José. *Inventarios educativos y prolegómenos de reforma, 1956-1968 (Colección Pensamiento Educativo Peruano Vol.12)*. Lima: Derrama Magisterial, 2013, p.15.
49 UNESCO Institute for Statistics (http://data.uis.unesco.org/、2017 年 8 月 27 日確認) Gross enrolment ratio, primary, both sexes(%), Net enrolment rate, primary, both sexes(%).
50 *Ibid*. Gross enrolment ratio, secondary, both sexes(%), Net enrolment rate, secondary, both sexes(%).
51 読み書きが可能かを明らかにしなかった人は除く。Censos Nacionales de 1981 y 1993 en INEI. *Perú – Perfil sociodemográfico del Perú*.（http://proyectos.inei.gob.pe/web/biblioineipub/bancopub/Est/Lib0007/cap0201.htm、2017 年 12 月 27 日確認)
52 ESCALE (http://escale.minedu.gob.pe/ueetendencias20002015、2017 年 12 月 27 日確認)
53 *Ibid.*

第1章　ラテンアメリカにおける民衆教育の形成

1. はじめに

　序章で述べたように、ラテンアメリカの民衆教育は、既存の学校教育制度から排除された都市周辺部の貧困層や農民などの社会的弱者をエンパワーし、彼らが自らの置かれた社会的状況を批判的に捉え、自らが主体となって社会構造を変えることを目的とした教育である。これは主にノンフォーマルの成人教育の領域で取り組まれてきた。本章では、国際的に教育機会の普及が重視される中で、民衆教育が先進国や国際機関主導ではなく、ラテンアメリカという第三世界で生まれたことに着目し、どのような歴史的・社会的状況、思想的潮流が背景となって形成され、どのような特徴や課題を持ったのかを明らかにする。

　ビオ・グロッシ (Vío Grossi 1984) が指摘するように、各国・各地域での政治・経済・民族に関する状況は異なるため、「ラテンアメリカの民衆教育」と一括りにすることには常に単純化の危険が伴う[1]。しかし事実としてラテンアメリカでは多くの国でスペイン語やポルトガル語が公用語とされているため、この地域には民衆教育 (educación popular、educação popular) という言葉で共有されるイメージがある。そしてその共有されたイメージは、関係者の国際的な運動体や、論文が生まれる前提となっており、民衆教育がその存在感を示す上での強みである[2]。

　本章ではまず、本書の前提として、1980年代までを中心に、ラテンアメ

リカの民衆教育がいかにして形成され、どのような特徴や課題を持つのかを概観する。その上で、第2章以降で述べる民衆教育の変化を論じる上での焦点となる社会変革の性質、先住民や文化的多様性に関して、どのように捉えられていたのかを考察する。なお、本章の一部に1990年代以降の文献も含まれるが、それらは次の第2章で扱う民衆教育の変化とは関係なく、変わらず引き継がれる民衆教育の典型的な特徴を表すものとして取り上げている。

2. 民衆教育の歴史的背景 ——19世紀末以降の広義の民衆教育——

　ラテンアメリカの民衆教育といった場合、19世紀のラテンアメリカ各国の独立後の教育活動からの継続性に着目して広義に捉える論者と、パウロ・フレイレが『被抑圧者の教育学』を執筆した1960年代以降の取り組みとして狭義に捉える論者がいる。一般的には、後者の狭義の民衆教育を指すことが多く、日本における先行研究も基本的に1960年代以降を対象としているが、ラテンアメリカにおける先行研究では、歴史的・思想的な継承を重視し、広義に捉える場合がある。

　まず広義の民衆教育について確認する。ウィギンズ（Wiggins 2011）によると、ラテンアメリカにおける民衆教育の定義は、民衆（popular）という言葉が示す内容とともに変遷してきた。その起源は、独立後のラテンアメリカ各国のリベラルな政府が、初等教育を世俗化、普遍化しようとした試みの中に見られる。そこでは、先住民や黒人奴隷の子孫といった「民衆階級」は文化に欠けているため、ヨーロッパに影響を受けた教育制度により文明化される必要があると考えられた[3]。当時の民衆教育の捉え方として、プイグロス（Puiggrós 1988）は二つの流れを挙げた。一つは民衆教育を公教育の普及と同一視する捉え方である。すなわち民衆に対する教育は国の政治方針と本質的に一体となり、社会の異なる階層の人々を育成し、近代化の社会経済的需要に応じるようにすべきというものであり、アルゼンチンの教育の父と呼ばれ大統領も務めたサルミエントに代表される。彼は、民衆教育の取るべき道と

は野蛮人と文明人の区別であり、民衆は勤勉で社会秩序を再生産し、支配階級の作った政治社会における消費者となるべきであって、社会変革の主体とするべきではないと考えた。これに対して、ラテンアメリカ独立の指導者シモン・ボリーバルの教育者シモン・ロドリゲスは、学校は文化的に「遅れた」人々を教育するだけではなく、文化を伝達し普及させる場所、創造と生産的労働の工房のようになるべきだとし、教育の目標は文明化ではなく社会化であるべきとした[4]。

　1920年代には、ペルーやキューバ、エルサルバドルでマルクス主義や労働運動と結びついた公教育制度外の「民衆大学」が設立された。例えばペルーでは、19世紀末の教会等の伝統的権威を批判した反体制知識人マヌエル・ゴンサレス・プラダ[5]の名を冠したゴンサレス・プラダ民衆大学をはじめとする民衆大学が、1921年以降各地に設立された。ある大学では、週2回、夜9時から労働者や近くのアシエンダ（大農園）の農民が通い、算数、文法、世界史などに加え、労働者の関心の高い応急手当やデッサン、英語が教えられ、時には演劇やスポーツ大会が行われた。こうした大学では学生と労働者による反レギア政権運動が生じ、また知識人と各地の民衆の交流の場となり、将来の政治指導者が生まれる源流ともなった。このため民衆大学は弾圧の対象となり、レギア政権によって1924年に閉鎖が命じられた[6]。また、プイグロスは民衆教育の先駆例に、1920年以降メキシコ革命後に始まりカルデナス大統領の下で行われた「社会主義教育[7]」に終わる一連の教育政策において、先住民を排除しない国民統合・国家形成や、教育へのカトリック教会の影響力の排除を目指した例、また中米ニカラグアの反帝国主義革命家アウグスト・サンディーノが1926年に設立し、自分の兵士たちに読み書きや政治社会分析、戦術、爆弾などの武器の作り方を教えたエル・チポテ・アカデミーなども挙げている[8]。

　このように民衆教育を歴史的に広義に捉える場合、スペイン系などの白人を中心とする植民地時代以来の特権階級やエリート層を対象とした教育制度とは異なる形の、社会的に排除されてきた労働者や貧困層、そして先住民に

対する、彼らを虐げないような教育制度や思想という要素が見られる。一方で1960年代以降、民衆教育は社会構造の変革をより強く求める理論や実践となっていく。

3. 1960年代以降の狭義の民衆教育

(1) 従属的社会構造を批判する社会運動、思想からの影響

　1960年代以降の狭義の、より一般的な用語としてのラテンアメリカの民衆教育は、社会的に抑圧された人が自らの置かれた状況を批判的に分析し、社会構造の変革を求める教育思想・実践として、労働組合、都市周辺部の住民組織、農村部、後述するキリスト教基礎共同体などで、識字教育や生活上必要な知識の習得などと結びついて取り組まれた。1960年代以降の民衆教育は、経済学から生まれた従属論や、カトリックの中から生まれた解放の神学などのように、貧困層の置かれた状況を、社会的に抑圧された状態と捉える見方を持っていた[9]。また、フレイレの教育思想の中で提唱された意識化の概念も、1960年代以降の民衆教育を特徴付けるキーワードの一つである。

　従属論や解放の神学といった社会思想や社会運動の背景には、1960年代前後に生じた事件や社会変動がある。まず1959年のキューバ革命は、ラテンアメリカの大衆に反帝国主義的な社会変革は可能であるとの確信をもたらすとともに、主に中間層の出身であるラテンアメリカ諸国の知識人にキューバ革命を擁護・支持する傾向を生じさせ、社会変革は必要であり、かつ可能であるという自信を与えた。これに対して、アメリカのケネディ政権は共産主義の拡大を防ぐ目的で「進歩のための同盟」を作り、土地改革、税制改革といった国内体制の変革、公正な所得配分、教育の改善など社会開発を視野に入れ、対ラテンアメリカ経済援助を行った[10]。経済面では、輸入代替工業化政策による開発や近代化は行き詰まりを見せ、従属論の登場につながった。農村からの移民による都市化が進展する一方で住宅供給は追いつかず、諸都市の周縁にスラムが形成されるようになった。

従属論は、1960年代後半のラテンアメリカの社会科学において、近代化論をはじめとする既存の開発理論・開発政策に対する批判として生まれた。従属論では、ラテンアメリカの低開発の要因は先進国による経済余剰の収奪にあるとし、ラテンアメリカの諸国が一次産品の輸出国かつ完成品の輸入・消費国として先進国に従属し、周辺化させられている構造こそが問題であるとした[11]。

　またカトリックの中からは、司祭の不足もあり主に富裕層を対象としてきた教会の姿勢に対して、貧富の差の拡大を前にこれを疑問視する人々が現れた。そして1950年代以降、スラムや農村に入って貧しい人々と生活や労働をともにした聖職者の思想や活動から解放の神学が生まれた。解放の神学では、キリスト教における「救済」の概念を、単に精神的なものだけでなく物質的なものでもあると捉え、その背景としての貧困・抑圧・不正義をもたらす権力構造を批判し、社会変革を志向した。こうした思想潮流は、1968年のラテンアメリカ司教協議会 (Consejo Episcopal Latinoamericano: CELAM) 総会、通称メデジン会議に影響を与えた[12]。聖職者が貧しい人々と向き合う際には、後述するフレイレの識字教育の方法論が用いられたり、貧しい人の経験から学ぶ姿勢が重視されたりし、意識化の概念はメデジン会議の文書においても用いられた[13]。さらに1979年に独裁政権を倒したニカラグアのサンディニスタ政権には解放の神学派の複数の神父が閣僚として参加した。サンディニスタ政権では教育理念として、専制に服従する従属的意識からの脱却とともに、キリスト教的価値観に基づく「新しい人間」の創造が目指された[14]。

　1960年代以降の民衆教育の主柱となったのが、フレイレの教育思想・方法論である。フレイレは1950年代からブラジルの農村部で成人対象の識字教育を実践した。そこでフレイレは成人に教育を行う際、子どもに対して教えるのと同じように、学習者の日常と関係のない教科書の言葉を用いるのではなく、学習者の日常に密接に関連した言葉（生成語）を用いた。学習支援者はまずフィールドワークによって学習に使えそうな生成語を調査し、生成語を含む絵やスライドを元に社会や政治、文化の分析につながるような議論を

行った。そしてその生成語を通じて、音節や文字を学べるようにした。例えば「賃金」を生成語とした場合、受け取る賃金や最低賃金、公正な賃金といったことが議論の手掛かりになり、農民の賃金の状態や労働の時間と報酬について議論したり、公正な賃金を要求する義務があることに気づくことが会話の目的となった。そして賃金とは何か、どうあるべきか、どのような法律があるか、公正な賃金を得るために何ができるか、といった議論ができるよう、学習支援者は会話を導いた。この方法により、学習者は時に数日で文字を習得することができた[15]。またフレイレは、社会的に抑圧された状況にある人がそこから抜け出すためには、自らが抑圧する側になるのではなく、現状を批判的に認識することが必要だと指摘する[16]。そしてそのためには、生徒を容れ物のように捉え、教師が一方的に知識を与えるような「銀行型教育」から「問題解決型教育」への転換が必要だとした。フレイレによると「『銀行型』教育は、直接あるいは間接に、宿命論的な認識を強調して人間をその状況にとどめようとするが、問題解決型教育は反対に、置かれている状況を解決すべき問題としてとらえる。…（中略）…状況を意識によって掌握することで人間はそれを『自らのもの』とし、つまり状況を歴史的現実に変え、人間の手で変革しうるものにしていく[17]」とされる。このように状況を批判的に捉え、それを自らの手で変えていくことができると認識することをフレイレは意識化という言葉で表現し、意識化は民衆教育の特徴を表すキーワードともなった。

　以上のように、民衆教育に影響を与えた思想や活動は、貧困などの社会問題や社会的弱者の置かれた状況の背景を社会構造の問題、支配や抑圧といった構造的問題として捉え、その構造の転換によって人々を支配や抑圧から解放することを目指すという特徴を持っていた。こうした観点に立てば先進国は世界経済においてラテンアメリカを含む途上国を搾取するものと見なされ、批判の対象となる。一方で、このことからは矛盾するようだが、国際協力機関や多くの先進国のNGOがラテンアメリカにおけるNGOに関与したり創設を支援するとともに、資金援助も行った[18]。NGOは民衆教育の主な担い

手の一つであった。

(2) 特徴 —社会的抑圧への批判的検討、社会変革の主体の育成—

　上記の思想的影響を受けた民衆教育には、次のような特徴がある。

　まず、民衆（pueblo、popular）という用語が、独特の意味合いを持つ。ガルシア・ウイドブロ（García-Huidobro 1980）は、民衆という用語について、階級という意味が含意されている一方で、貧困や疎外の単なる同義語ではなく、社会的・経済的・イデオロギー的に支配された状況にある社会集団、一般的に政治的主体としての価値を否定された集団であるとする[19]。また、ラテンアメリカの民衆運動について研究した大串（1995）は、ラテンアメリカの民衆運動でよく使われる民衆（pueblo、povo（ポルトガル語））という言葉は「人々一般」を指すものではなく、「貧者」というニュアンスがあり、ラテンアメリカの民衆運動のほとんどは自らを貧民として意識し、またかなりの運動は（特に指導者レベルで）左翼を支持していると指摘する[20]。民衆運動とは、社会運動のうち都市周辺部の住民によるインフラ整備などの要求運動、自助組織、文化的活動などを指し[21]、民衆教育とも深く結びついていた。

　また民衆教育の対象者について、第2章で詳述するが、当初は社会における階級構造を前提とし、主として政治経済的観点から「抑圧された」人を対象としていたのに対し、次第に文化やジェンダー間の差異といった観点も取り入れ、女性や先住民等も民衆教育の対象に含めて考えられるようになった。

　ビオ・グロッシ（Vío Grossi 1984）によると、民衆教育とは公的・支配的な教育に対する代替的な教育であり、社会的に支配、抑圧、搾取された人自身の教育である。その上で民衆教育とは、社会的に抑圧された人に望ましい方向へ社会構造を変える過程の一部だとする。そして教育を受けることで学習者たちが組織化し、彼らが日常で直面する問題の真の原因を意識するようになる。そうした意識は教授者から学習者へ、すなわち上から下へ教えられるものではなく、学習者の日常的な経験やそれを集団で振り返ることによって生まれ、教授者はその活動を促す促進者となる。このためプログラムは学習

者の生活水準を向上させるための技術や健康に関すること、成人教育などが結びついた形で実施される。そこでの教育はアカデミックで抽象的なものではなく、具体的な現実と密接に関連したものであった。また民衆教育プログラムにおいては従属資本主義的な開発のあり方が批判され、参加型で民主主義的であることを特徴とするオルタナティブな開発モデルの形成が目指された[22]。

カルロス・アルベルト・トレス (Carlos Alberto Torres 1990) は成人教育の一形態として民衆教育を捉え、その実践に共通する特徴として、以下の4点を挙げた。それは、第一に、貧困層の生活状況や彼らが抱える問題 (失業、栄養失調、健康不良など) を政治社会的に分析し、そうした状況に対する貧困層の個人的・集団的認識を促すこと、第二に、その教育実践は集団的・個人的な経験や知識に基づき、個人よりもグループで実践に取り組むこと、第三に、実践の中で提供される教育とは、識字や計算など (民衆教育に取り組む実践家たちが) 貧困層に習得させようとする具体的なスキルや能力と結びついていること、そして学習者の自尊心や尊厳、自信を高めようとすること、第四に、民衆教育は農村開発プロジェクトと関連した形で政府が行うことも、共同体の実践として行うことも可能であり、また大人だけでなく子どもにも適用可能なことである。その上で、特にユネスコを中心として第二次世界大戦後に興隆した成人教育に比して、民衆教育は政治的志向が強く、社会・政治的権力構造に敏感であり、社会的動員を強調する、といった点を指摘した[23]。

またフィンクとアーノブ (Fink and Arnove 1991) は民衆教育の鍵となる要素として、教育学的には参加型で平等主義的な学習形態を取るとともに、低所得層の社会に対する批判的意識を高めるという点を挙げた。上記の視点を学ぶ際にはしばしば技能訓練が取り入れられ、そこでは学習者の既存の伝統、知識、能力、経験と、新たな技術や情報の両方が重視された。社会政治的には、女性や失業者、農民、先住民といった、社会経済的地位により社会から疎外された人々を対象としたプログラムであるとする。学習者は民衆教育を通して、社会の傍観者ではなく変革の主体となることが目指された[24]。

2000年代以降の研究を参照すると、アルフォンソ・トレス（Alfonso Torres 2007）は、民衆教育には唯一の定義はないとしながら、共通する核となる要素を5点指摘している。それらは、①現状の社会秩序への批判的な解釈（lectura crírica）とそこでのフォーマル教育の同化的な役割への疑問、②支配的な社会秩序からの解放を目指す政治的意図、③支配されるセクターの人々を歴史的主体、社会変革の主役となる能力を持つ者として強化することに貢献する目的、④民衆の主体性に関する活動を行うことで、教育を通して上記の目的を達することができるという信念、⑤対話型、参加型、積極的な教育方法を創造し、活用することへの熱意の5点である[25]。

　また民衆教育は、政府が提供する教育、伝統的なエリート層や支配層による教育に対する代替的な教育として発展したものであるが、民衆自身が生み出したものではなく、民衆の立場に立とうとする知識人が生み出したものである[26]。草の根レベルで営まれる個々の活動自体はトップダウンで制度的にもたらされたものではない。ただしそれは自然発生的に生まれたものというよりは、往々にしてNGOや教会関係者といった外部のファシリテーター（推進者、促進者）が民衆に働きかけることで生まれている。一方で、民衆教育の活動を経て学習者の中から新たなリーダーが生まれる場合もある[27]。

　そして民衆教育に大きな影響を与えたフレイレが1989年から1991年にかけてサンパウロ市教育長として「民衆公教育」を目指して公立学校の運営に関与したように、理念としての民衆教育自体が学校教育と相反するわけではない[28]。しかし、政治的志向が強い、学習者の経験・知識を元にするといった特徴もあり、ラテンアメリカの民衆教育は成人対象のノンフォーマル教育が中心であった。

(3) 学習方法 ―対話と参加―

　民衆教育の方法論としては、対話を重視する弁証法や参加型の手法が用いられる。また民衆教育には、カトリックにおいて教会の司牧を一般信徒が補完する使徒職的活動（カトリック・アクション）が影響したと見られる。カト

リック・アクションは、解放の神学を体現した信徒主導型の共同体であるキリスト教基礎共同体 (comunidades eclesiales de base) の先駆例とされる[29]。そこでは「観察―判断―行動」(ver‐juzgar‐actuar) アプローチが取り入れられた。その一例として、20世紀初頭のベルギーにおいてジョーゼフ・カルダン司祭は、教会とは無関係の若い工場労働者との小グループの集まりにこのアプローチを取り入れた。労働者との集まりは教義を問題とするものではなく、現場監督の不当な扱い、組合闘争、同僚の困窮など人々が具体的に直面する問題を扱うものであった。参加者はそうした問題について討論することで「観察」し、当該の状況が福音に沿っているかどうかを決定することで「判断」し、何らかの「行動」を起こすことを決める。次の会で、決定が十分に実行されたか、そのインパクトがどうであったかを評価する。ここでの司祭の役割は、討論をリードするものではなく、指導者を訓練し、司祭として、助言者として行動するものである。このカルダンの活動はキリスト教青年労働者 (JOC) という活動に発展し、労働者だけでなく大学生や高校生、家族を対象とする活動も生まれた[30]。JOCの活動は1935年にペルーにもたらされ、のちに第5章で取り上げる働く子どもの運動を形成した。またフレイレはブラジルのカトリック・アクションの熱心な活動家であった[31]。なお、「観察―判断―行動」のアプローチがカトリック・アクションを離れて識字教育などで用いられる際には、「判断」は聖書との関連ではなく、社会や国の構造において「観察」した現実をどのように捉えるかという文脈でなされた[32]。

　こうしたカトリックの活動からも影響を受け、民衆教育では対話型・参加型の学習方法が用いられる。例えば、ロールプレイングやソシオドラマと呼ばれる寸劇、ディベートなどの手法を用いながら、参加者自身が実際に経験したことや、日常的な体験と関連したテーマや問題を取り上げ、参加者が演じたり論じたりすることで状況を分析する。ソシオドラマでは、4人から8人のグループを作り、自分たちが体験したり目撃した問題について話し合い、その中から一つを寸劇のテーマとして選ぶ。参加者はそこから短いシナリオを作り、動きを考え、より大きな集団の前で寸劇を披露する。コーディネー

ターは寸劇を見た人にストーリーを描写してもらい、その内容を解釈してもらう。そして寸劇を演じた人が、寸劇が何を意味したのかを語り、全体での議論や検討を行う。その他にも、地域の課題など特定のテーマを設け、グループで話し合い、模造紙に書き出して発表し、解決策を考えるといった学習方法もある[33]。

具体的には、例えば都市部・農村部の貧困層の女性が、応急処置や栄養、母子保健の知識を得たり、あるいは相続や家族、労働に関する法的知識を、漫画形式の小冊子や、ゲーム、ロールプレイ、劇を通して学習したりした[34]。また、ラジオやカセットテープを利用してNGOなどが学習者の身近な問題を取り上げたドラマや農業技術、ニュースなどを伝え、それを題材にして学習者がグループ単位で議論するといった手法もラテンアメリカ各地で取り組まれた[35]。

ただし、参加型の学習方法そのものが民衆教育というわけではなく、これらの手法を民衆の組織化や意識化を支援する目的で利用しなければならない。単なる技術としてこれらの手法を用いる場合には、見せかけの参加に陥ったり、他人から操作される危険性がある[36]。

4.「社会変革」の捉え方 ——改革か革命か——

民衆教育においては、社会的に抑圧された人が自らの置かれた困難な状況が社会構造の問題に由来することに気づき、それを批判的に捉え（意識化）、社会を変えることで自らを解放することが目的とされた。しかしこの民衆教育の特徴として不可欠な「社会を変える」、「社会変革」という言葉の意図するところには、社会構造の変革を目指しながらもまずは自分の周囲の環境を変えるというミクロなものから、革命などによって政治体制を変えるというマクロなものまで幅がある。民衆教育に関する理論やアカデミックな議論は往々にしてマクロな視点に立つため、そうした議論と特にミクロな実践とを統合的に理解することが難しい傾向がある。

ラ・ベル (La Belle 1986) は、民衆教育を大きく二つに分けて捉えた。一つは学習者の社会に対する見方を変え、意識化を目指す改革 (reform) 型であり、もう一つは革命や戦争と結びついて行われる革命 (revolution) 型である。コミュニティレベルを中心に行われた改革型の民衆教育では、参加型の学習や社会階層を超えた社会構造の変革が目指されたが、現実には教育を地域の外の人に依存し、階層を超えた関与はあったものの、社会構造の変革までは至らなかったと指摘する[37]。例えば二井 (2008) が研究したブラジルのブラジリア連邦区の衛星都市における住民主体の民衆教育も、ラ・ベルの分類を参考にすると、改革型と考えられる。二井は、住民主体の民衆教育とは、「社会格差の底辺に位置づけられる人々がそうした社会矛盾を解決し、自らを社会的周縁から解放し学校教育を経て経済的に自立していけるような社会に変革していくための教育[38]」であるとし、そのような社会変革を実現するために政治参加できる主体となるために民衆自身が自己形成していく過程であるとする。つまり民衆教育自体が一足飛びに社会変革に結びつくのではなく、学習者が自らを社会的に抑圧された状況から解放し、経済的・政治的に自立して社会に参加できる主体となる過程を経ることが、ひいては社会変革につながるということである。

一方で、革命と結びついた例が、ニカラグアのサンディニスタ政権下で行われた民衆教育である。1979年、ニカラグアで40年近く続いたソモサ一族による独裁政権を倒したサンディニスタ政権は、翌年から識字教育を中心とした民衆教育を実施した。これは10歳以上の人口の約半数が非識字であった状態から、すべての国民に教育の機会を保障することで、彼らを社会変革の担い手とすることを目的とするものであった。サンディニスタ革命政権は1979年の革命の翌年、全国識字運動を行い、5カ月間で非識字率は67%から27%に減少した[39]。全国識字運動後の継続教育は民衆教育として成人教育庁の下、制度化された。1981年に開設された「民衆基礎教育課程 (Educación Popular Básica)」では、スペイン語と算数のコースが第1～4課程 (期間は各課程半年間) 設けられ、1984年には第5～6課程として算数・理科・社会のコー

スが開設された。公的教育施設が乏しいため、しばしば民家の一室や軒下、工場の一角、広場などで共同学級が開かれ、公的資格を持たない農民・労働者・主婦・学生などが奉仕活動者として民衆教師となった。その教材は、革命による社会変革を目指す強い政治的メッセージを有していた。この民衆基礎教育課程は正規の小学校に比べて半分の就学期間（第1～6課程で3年間）で修了することができるため、働きながら勉強する農村の貧困家庭の子どもや若者にとって、より効率的な就学機会を提供した。この過程は成人だけでなく、学齢期にある子どもや若者に対しても、非正規教育制度として基礎教育を保障した[40]。このようなニカラグアの民衆教育は、ラテンアメリカの民衆教育の一つの典型例として取り上げられるようになった。ただし、この民衆基礎教育自体が内包する課題もあった。民衆教師の40％以上が19歳以下であり、25歳以上の教師は30％に過ぎなかった。民衆教育課程で期待された、対話や積極性、探求心の強い学習者を前提とする教授法は高い技術を要するが、民衆教師はそうした術を持たず、ボランティアである教師の能力や経験の面で課題があった。またサンディニスタ政権を危険視した米国が支援する旧ソモサ派武装勢力（コントラ）による攻撃や、学習者自身の仕事、軍への参加のための中退者も多かった[41]。このような限界があったものの、革命政権による識字教育や民衆基礎教育は、従来非識字者であった数万人の人々が、ニカラグア社会において新たな役割を担うことを可能にしたと一定の評価を受けた[42]。

　以上のように、民衆教育の「社会変革」がどこまで急進的なものを目指したと捉えるのか、また民衆教育と社会変革との関係を直接的なものと捉えるか間接的なものと捉えるかによって、民衆教育に対する評価は分かれてくる。ニカラグアやキューバ、グレナダなど一部の事例の中では民衆教育が政権の獲得や社会構造の転換と結びついて行われたとされる[43]。しかし多くの実践はラ・ベルの分類でいう改革型として、軍事政権下での抑圧的な社会状況、経済環境の厳しさを緩和するための農村や都市周辺部での自助活動や、農村部から都市部への移民の住民組織による居住環境改善のための草の根レベル

の運動の中で、識字教育や住民の政治的意識の向上と結びついて実施されていたと考えられる。そしてその中で彼らを取り巻く生活上の困難を解釈するために取り入れられていたのが、社会を抑圧と被抑圧の関係で捉える社会理論であった。

また草の根レベルの実践と関連して、ビオ・グロッシ (Vío Grossi 1984) は、民衆教育ではしばしば、人々のニーズを元に社会構造の変革へとつなげようとするため、最終的にどのような社会を目指すかという明確なモデルを持たない傾向があることを指摘した[44]。つまり民衆教育には、社会の変革を目標にしながら、目指す社会のモデルが明確ではなく、そのモデルをも形成しようとするという、理想主義的な性格が内包されている側面があった。

5. 先住民・文化的多様性に対する視点

19世紀末から20世紀初頭にかけての民衆教育をめぐる議論では、先住民を文明化や近代化の対象として捉えるか、あるいは白人中心主義的な西洋文化に対し、ラテンアメリカの独自性を表象するものと捉えるかといった見解の相違はあったものの、彼らの存在が意識されていた。

1960年代以降の民衆教育に関する言説の中では、先住民を独自の文化的特性を持った人々として特別視するよりは、社会的に抑圧された階級・人々一般の一部と見る視点が強かったとされる[45]。この背景としては、本章第3節で述べた社会思想や社会運動の時代的な潮流、これと関連して民衆教育の議論に強い影響を持ったフレイレが階級を強調したこと、彼が先住民人口の割合の少ないブラジルの出身であったことが考えられる。ただし、先住民を主たる対象とした取り組みが全くなかったわけではない。1983年にボリビアの政府系機関がユネスコの支援を受けて実施した国際会議の報告書の中では、各国の先住民への母語での識字教育や二言語教育の取り組みが民衆教育の一環として取り上げられてい[46]。

一方ニカラグアでは、少数民族への教育に関して課題が見られた。主に大

西洋岸に住む少数民族には、先住民や黒人奴隷として連れてこられた人々の子孫（クレオール）が含まれる。彼らは、主に太平洋岸に住んで人口の多数を占め、革命政権を担ったメスティソとは言語や社会的状況が異なっていた。革命政権は、少数民族を含む非特権階級すべてを被抑圧者と見なし、外国企業を排除した。しかし少数民族は、革命以前の体制下で、外国企業による雇用や輸入奢侈品の入手といった経済的利益を得ていたため、外国企業を搾取の主体と見なす革命政権とは利益が一致していなかった。また革命政権が提供する識字教育においては、スペイン語を母語としない少数民族にとって身近ではない革命に関する用語や、母語にない母音、子音が用いられた。こうした方法はのちに改善されたものの、画一的な意識化や、被抑圧者の多様性を見落とすことから生じる矛盾が浮き彫りになった[47]。

　先住民を社会的に抑圧された人々の一部として捉えるか、独自の文化や言語、世界観を持った人々として捉えるかという点は、第2章、第4章で検討する民衆教育の変容や限界に関する議論と関わってくる。

6. おわりに

　ラテンアメリカの民衆教育は、19世紀末以降の植民地時代以来の特権階級への教育とは異なる教育を求める実践や思想を背景に、1960年代に従属論や解放の神学といった社会思想の影響を受け、パウロ・フレイレの教育思想や方法論を主柱として発展した。これらの社会思想の特徴は、貧困層などの社会的弱者の置かれた状況を社会構造の問題として捉え、その構造の変革を求めることであった。

　民衆教育の特徴は次のようにまとめられる。まず民衆とは、階級概念に基づき、社会的・政治的・経済的に支配された状況にある社会集団、一般的に政治的主体としての価値を否定された集団に属する人々を指す。民衆教育では、こうした人々が、自分たちの置かれた環境や社会構造を批判的に捉え、政治的意識を向上させ、社会を変えるための様々なレベルの活動に参加する

主体となることを目指した。民衆教育は、政治的意識の向上を目指すこともあり、主に成人対象のノンフォーマル教育の領域で取り組まれた。その学習過程においては、学習者と教育者は水平的な関係を築くとともに、学習者間の対話や、積極的な参加を重視した。学習の題材には、学習者の経験や身近で具体的な問題が用いられ、学習者が直面する問題の分析や解決のための話し合いが行われた。また民衆教育のプログラムは、識字教育や技術訓練など、学習者が必要とする知識や技能の獲得と結びついた形で、労働組合、都市周辺部の住民組織、農村部、キリスト教基礎共同体などで実施された。

一方で、次のような課題も見られた。民衆教育では、「社会を変える」こと、「社会変革」が大きな目標とされたが、どのような社会を目指すのか、また社会変革がどの程度急進的なものを目指すのかといったことは、個々の実践に委ねられていた。実践の中には、学習者の居住地域の生活改善運動と結びついたものもあれば、ニカラグアのように独裁政権を打倒した革命政権による識字教育や政治的意識化と結びついたものもあった。また、学習者である民衆を階級概念に基づいて捉えたため、例えば先住民の存在など、一言で民衆と表現された人々の間にある多様性を必ずしも重視していなかった。

第2章に見ていくように、ラテンアメリカの多くの国々で1980年前後から続々と軍事政権の民政移管がなされ、人々の政治参加が進むようになる。また階級闘争を重視するマルクス主義的な社会の解釈が時代遅れとなるとともに、第二次世界大戦後にはラテンアメリカと同様に発展途上国であったアジアの国々が経済発展を遂げる中、途上国が一方的に搾取されるという従属論の限界も顕在化し、民衆教育のパラダイムの転換が模索されるようになる。他方で、第3章、第4章で見ていくように、そうした社会の変化を背景に、民衆教育は限界を呈した、あるいは制度に包摂されたという見方も生まれるようになるのである。

注
1 Vío Grossi, Francisco. "Popular Education: the Latin American Experience."

International Review of Education. Vol.30, No.3, 1984, pp.303-304.
2 イギリスの代表的な成人教育研究者であるジャービスは、ラテンアメリカの民衆教育（popular education）を、ヨーロッパにおいて成人教育とほぼ同義語として用いられるものと区別し、「教育とはすべての人の権利である、人々（people）のために人々が計画する、急進的でしばしば革命的なイデオロギー的階級闘争の手段、学んだことを階級闘争において実行に移す実践」といった含意があると述べる（Jarvis, Peter. *International Dictionary of Adult and Continuing Education.* London: Kogan Page, 1999, p.144）。
3 Wiggins, Noelle. "Critical Pedagogy and Popular Education: Towards a Unity of Theory and Practice." *Studies in the Education of Adults.* Vol.43, No.1, 2011, p.36.
4 Puiggrós, Adriana. *La educación popular en América Latina: orígenes, polémicas y perspectivas (Segunda edición).* México D.F.: Editorial Nueva Imagen, 1988, pp.289-290.
5 マヌエル・ゴンサレス・プラダ（1848 〜 1918）は、ペルーの作家、政治家であり、リマの貴族の家系に生まれながらも、教会をはじめとする19世紀末のペルーの一切の伝統的権威を批判し続けた反体制知識人である。彼は、ペルーがチリと戦った太平洋戦争（1879 〜 1883）敗北の原因は軍人、大地主、商人といった寡頭的支配体制にあるとし、糾弾した。また人口の多数を占める先住民こそが国の基盤を形成すべきであるとして、その復権を国の制度的民主化とともに唱え、ペルーのインディヘニスモ（先住民復権運動）の先駆的存在として、ビクトル・ラウル・アヤ・デ・ラ・トレやホセ・カルロス・マリアテギに影響を与えた（遅野井茂雄「ゴンサレス・プラダ」大貫良夫ほか監修『新版ラテンアメリカを知る事典』平凡社、2013b、p.175）。ペルーの状況に関しては第3章で後述する。
6 日本語訳では人民大学とされる場合もある（マリアテギ，ホセ・カルロス著、原田金一郎訳『ペルーの現実解釈のための七試論』柘植書房、1988、p.363訳注6）; Chiroque, Sigredo y Denis Sulmont. "Educación Popular en debate."(Original: 1985) en Sime, Luis (compilador). *Aportes para una historia de la educación popular en el Perú.* Lima: Tarea, 1990, pp.77-78（p.77 は Sagástegui, Wilson. "Las universidades populares González Prada." *El Diario*, Lima, 3 de noviembre de 1981 より引用）; Puiggrós, Adriana. 1988, *op.cit.*, pp.198-200, pp.216-217, p.257）。
7 ここでの社会主義教育とは、イデオロギーとしての社会主義やマルクス主義と関連したものというよりは、宗教、とりわけ大きな権力を持っていたカトリック教会を排除し、科学的合理主義に基づく教育を行う意図を示す用語として用いられた（皆川卓三『ラテンアメリカ教育史II（世界教育史大系20）』講談社、1976、pp.86-87）。

8 Puiggrós, Adriana. 1988, *op.cit.*, pp.276-277, pp.303-305; Gómez, Malcela y Adriana Puiggrós. *La educación popular en América Latina: antología 1*. México, D.F.: Secretaría de Educación Pública: Ediciones El Caballito, 1986, pp.43-56.
9 Mejía, Marco Raúl. "¿Resucita el modelo de la educación como formación del capital humano?: la educación popular frente a la capacitación." *La Piragua*. N°4, 1992, p.34.
10 小倉英敬『ラテンアメリカ 1968 年論』新泉社、2015、pp.60-68。「進歩のための同盟」を含むアメリカの教育援助政策については、江原裕美「開発と教育の歴史と担い手」江原裕美編『開発と教育:国際協力と子どもたちの未来』新評論、2001、pp.35-100 に詳しい。
11 原田金一郎「従属論」大貫良夫ほか監修、2013、前掲書、p.202。
12 乗浩子「解放の神学」大貫良夫ほか監修、2013、前掲書、p.100、Mejía, Marco Raúl. 1992, *op.cit.*, pp.34-35。このほか、解放の神学については、グティエレス, G 著、関望・山田経三訳『解放の神学』岩波現代選書、1985 参照。
13 ベリマン, フィリップ著、後藤政子訳『解放の神学とラテンアメリカ』同文舘出版、1989、pp.38-43、pp.47-48。
14 ここでの「新しい人間」とは、自身よりも民衆の幸福のために献身し、利己主義(エゴイズム)、労働への嫌悪、傲慢な態度、羨望、虚栄心を克服し、自己変革と社会変革のために尽力し続け、忍耐力を有し、どんな強敵にも敢然と挑むような人間である(牛田千鶴「社会変革過程としての識字教育」『神戸市外国語大学外国学研究』第 34 号(否定されてきたアイデンティティの再発見:ニカラグアにおける多様性の模索)、1996、pp.52-53)。
15 フレイレ, パウロ著、里見実・楠原彰・桧垣良子訳『伝達か対話か:関係変革の教育学』亜紀書房、1982、pp.107-123、ガドッチ, モアシル著、里見実・野元弘幸訳『パウロ・フレイレを読む:抑圧からの解放と人間の再生を求める民衆教育の思想と実践』亜紀書房、1993、pp.49-51。
16 フレイレ, パウロ著、三砂ちづる訳『新訳 被抑圧者の教育学』亜紀書房、2011、第 1 章(pp.19-75)。
17 同上書、p.112。
18 Mejía, Marco Raúl. 1992, *op.cit.*, p.35. なお、Mejía は具体的な機関・団体名には言及していない。
19 García-Huidobro, Juan Eduardo. *Aportes para el análisis y la sistematización de experiencias no-formales de educación de adultos*. Santiago de Chile: UNESCO. Oficina Regional de Educación para América Latina y el Caribe, 1980, p.32.
20 大串和雄『ラテンアメリカの新しい風:社会運動と左翼思想』同文舘出版、1995、p.75。

21 大串は、ラテンアメリカの民衆運動の代表的なものとしてポブラドーレス（都市周辺部の住民）による運動を挙げる。ポブラドーレスの運動には、①様々な要求活動（要求の内容には、上下水道や電気の敷設・改良、土地の権利から、反失業運動、物価上昇反対運動、人権擁護運動などがある）、②本書第3章で後述する民衆食堂など生活・生存のための自助組織、③文化的活動（民衆図書館、音楽、キリスト教基礎共同体、県人会・村人会など）、④自然発生的な都市暴動を挙げる（同上書、pp.29-34）。
22 Vío Grossi, Francisco. 1984, *op.cit.*, pp.307-308.
23 Torres, Carlos Alberto. *The Politics of Nonformal Education in Latin America.* New York: Praeger, 1990, pp.9-10, p.20.
24 Fink, Marcy and Robert F. Arnove. "Issues and Tensions in Popular Education in Latin America." *International Journal of Educational Development.* Vol.11, No.3, 1991, pp.221-222.
25 Torres Carrillo, Alfonso. *La educación popular: trayectoria y actualidad.* Bogotá, D. C.: Editorial El Búho, 2007, p.14.
26 Lovisolo, Hugo. "Educación popular: modernidad y conciliación." *La Piragua.* Nº6, 1993, p.9.
27 Kane, Liam. *Popular Education and Social Change in Latin America.* London: Latin American Bureau, 2001, pp.24-26.
28 野元弘幸「ブラジルにおける民衆教育運動の現在：労働者党市政下サン・パウロ市における『民衆公教育』の試み」新海英行・牧野篤編著『現代世界の生涯学習』大学教育出版、2002、pp.286-298。
29 キリスト教基礎共同体は、1960年代初頭からブラジルやパナマの司祭や修道女たちが貧しい人々の下で始めたものであり、共同体は最盛期にはブラジルだけで約8万、メンバーは300万人に上ったとされる。拡大の背景には、特に農村や都市のスラムで深刻な聖職者不足（例えばブラジルでは司祭1人に信徒9,300人）や、本文で述べたカトリック・アクションの労働者居住地区での広がり、フレイレの影響に加えて、俗人の司会で小規模グループが聖書を読むプロテスタントの方式の影響があった。基礎共同体は通常15〜20家族で構成され、週に1、2度集まって聖書を読み、歌い、祈り、何をすべきか語り合う。基礎共同体では聖書を自分たちの経験に基づいて理解し、聖書から経験を再解釈する。メンバーの関心は身近な社会問題に向けられ、飲み水・電気・下水道・道路の改善に協力し、失業問題や失った土地の回復に取り組むようになる。彼らは次第に独自に、あるいは労働組合や様々な市民運動や政党に参加する政治勢力となった（乗浩子『宗教と政治変動：ラテンアメリカのカトリック教会を中心に』有信堂高文社、1998、p.132）。

30 ベリマン,フィリップ著、後藤政子訳、1989、前掲書、p.81。また、「観察―判断―行動」のアプローチはメデジン会議において「情勢分析―教義上の考察―司牧方針」という三段階のプロセスに深められた（乗浩子、1998、前掲書、p.125）。「観察―判断―行動」のアプローチと民衆教育の関係については Torres Carrillo, Alfonso. 2007, *op.cit.*, p.40 でも言及。
31 ガドッチ,モアシル著、里見実・野元弘幸訳、1993、前掲書、p.20。
32 Rengifo Vásquez, Grimaldo. *La enseñanza es estar contento: educación y afirmación.* Lima: PRATEC, 2003, pp.14-15. ここではフレイレ流の識字教育の実践の説明の中で「観察―判断―行動」が用いられている。ただし第4章でも取り上げるが、レンヒフォはフレイレ流の識字教育方法に対して批判的な見方をしている。
33 Alforja. *Técnicas participativas para la educación popular Tomo I. 10.ª edición.* Lima: Tarea, 2008; Kane, Liam. 2001, *op.cit.*, pp.58-67.
34 Fink, Marcy and Robert F. Arnove. 1991, *op.cit.*, pp.222-224.
35 Kaplún, Mario. *Hacia nuevas estrategias de comunicación en la educación de adultos.* Santiago de Chile: UNESCO/OREALC, 1983.
36 Vargas, Laura y Graciela Bustillos. *Técnicas participativas para la educación popular. Tomo II. (6.ª edición)* Buenos Aires: Editorial Lumen-Hvmanitas, 1997, p.1.
ビオ・グロッシは、学習者を意識化するというその過程が実は人心操作になっているのではないか、という疑念を指摘した。すなわち、意識化によって学習者は彼らを手助けする促進者と同じ考えになっていくのではないか、ということである（Vío Grossi, Francisco. 1984, *op.cit.*, pp.310-311）。
37 La Belle, Thomas J. *Nonformal education in Latin America and the Caribbean.* New York: Praeger Publishers, 1986, p.169, pp.254-256.
38 二井紀美子『ブラジル民衆教育研究：パラノア文化発展センターにみる運動の組織化と参加者の変容を中心に』名古屋大学大学院教育発達科学研究科2007年度博士論文、2008、p.239。なお、二井の研究対象であるパラノア文化発展センターは1987年に設立された民衆運動組織である（同論文、p.22）。
39 公式発表では12.96％に減少したとされるが、これはターゲットとなる成人非識字者から、視覚障害や老衰等の理由により教育・学習が困難な約13万人を引いた数に基づいており、この点を修正した数字が27％である（Arnove, Robert F. *Education and Revolution in Nicaragua.* New York: Praeger Publishers, 1986, p.27）。
40 牛田千鶴「ニカラグアにおける『民衆教育』以後の社会状況と教育実践」牛田千鶴編『ラテンアメリカの教育改革』行路社、2007、pp.181-199；松久玲子、「1980－1990年ニカラグアにおけるサンディニスタ政権下の民衆教育」『同志社外国文学研究』第62号、1992a、pp.149-178；松久玲子「ニカラグアの教育シ

ステム分析：チャモロ政府の教育方針の転換に関する考察」『同志社外国文学研究』第 63 号、1992b、pp.32-79。
41 Torres, Carlos Alberto. 1990, *op.cit.*, pp.90-91; Carnoy, Martin and Carlos Alberto Torres. "Education and Social Transformation in Nicaragua, 1979-1989." in Carnoy, Martin and Samoff, Joel et al. *Education and Social Transition in the Third World.* Princeton: Princeton University Press, 1990, pp.339-340.
42 Carnoy, Martin and Carlos Alberto Torres. 1990, *op.cit.*, p.340.
43 La Belle, Thomas J. 1986, *op.cit.*, pp.235-242.
グレナダの事例に関しては、ヒックリング＝ハドソン，アン「ポストコロニアルな変革における成人教育・コミュニティ教育の役割を考えるためのリテラシー論」アーノブ, ロバート・F、カルロス・アルベルト・トーレス、スティーヴン・フランツ編著、大塚豊訳『21 世紀の比較教育学：グローバルとローカルの弁証法』福村出版、2014、pp.337-369 に詳しい。
44 Vío Grossi, Francisco. 1984, *op.cit.*, p.311.
45 ケインは、近年まで民衆教育において先住民は、例えばキリスト教基礎共同体などの都市部や農村部の草の根の組織の中で、他と区別されない民衆の一部と捉えられていたと指摘する（Kane, Liam. 2001, *op.cit.*, pp.127-128）。
46 UNESCO/OREALC. *Apoyo regional al plan nacional de alfabetización y educación popular de Bolivia: informe final La Paz, 10-18 noviembre 1983.* Santiago de Chile: UNESCO/OREALC, 1984.
47 牛田千鶴、1996、前掲論文、pp.64-71。

第2章　1990年代以降のラテンアメリカ民衆教育のパラダイム
　　——CEAALを中心に

1.　はじめに

　本章から第4章までは、序章で示した本研究の分析の第一の視点である、民衆教育の変容と現状の多面的理解を試みる。そのうち本章は、民衆教育は現在も存在する、テーマが広がったとする立場（維持・発展論者）として、ラテンアメリカ・カリブ民衆教育協議会（Consejo de Educación Popular de América Latina y el Caribe[1]：以下CEAAL）を取り上げる。

　前章までに述べたように、ラテンアメリカの民衆教育は、社会的・政治的・経済的に不利な状況にある学習者に対して、単に文字や知識を教えるだけでなく、彼らの置かれた状況が社会構造の問題によるものだということを政治的に「意識化」し、彼らが社会変革の主体となることを目指すものであった。こうした社会変革志向が民衆教育の特徴の一つであるが、冷戦の終結とともにマルクス主義的な現状把握は時代遅れと見なされるようになった。

　本章では、従来社会構造の変革を大きな目的としてきたラテンアメリカの民衆教育が、1990年代以降どのような理論的方向性を持ってきたのか、CEAALの議論を主な手掛かりとして、明らかにする。1990年代以降の民衆教育のパラダイムを明らかにすることは、経済や社会政策に大きな影響を及ぼした新自由主義やグローバル化に対して、民衆教育がどのような代替的な価値（観）を提示しようとしているのかを明らかにすることにつながる。本章で取り上げるCEAALはパウロ・フレイレを初代会長として1982年に設立

された、ラテンアメリカの民衆教育に関わるNGOの連合団体であり、2017年8月時点のウェブサイト情報によると、21カ国から195の団体が参加している[2]。CEAALは1989年に創刊した機関誌『ラ・ピラグア』(*La Piragua*)や国際会議を通じて、各国の民衆教育の実践に関する情報交換、民衆教育の意義や課題に関する議論を行ってきた[3]。雑誌名のpiraguaはニカラグアのカヌーを意味し、素朴な舟ではあるが、川や海へ漕ぎ出して行こうというCEAALのイメージが込められている[4]。

　研究方法としては、上記の『ラ・ピラグア』を中心とした出版物およびその他の文献を参照し、ラテンアメリカの民衆教育が1990年代以降どのような方向性を持つようになったのか、関連する社会状況等も踏まえながら明らかにしていく。『ラ・ピラグア』は創刊号から2016年発行の42号までCEAALのウェブサイトから入手した[5]。なお、『ラ・ピラグア』にはスペイン語の論考とポルトガル語の論考が収録されているが、筆者の言語能力による制約から、スペイン語で書かれた論考のみを対象とし、特に以下で取り上げる「再構築」や「パラダイム」に関するものを中心に、内容を検討した。

　CEAALを取り上げる理由としては、上記のようにCEAALはラテンアメリカの民衆教育のネットワークであり、民衆教育に関する情報共有を行っているほか、四半世紀以上にわたって機関誌を発行していることから、その議論や扱うテーマの継続性、変化を見ることが可能である点が挙げられる。CEAALに関しては、オースティン(Austin 1999)[6]がCEAALの概要と歴史について、またケイン(Kane 2001)[7]はCEAALの議論を踏まえながら、ラテンアメリカの民衆教育における理論やイデオロギーの方向性について論じている。コロンビアの国立教育大学の教員でありCEAALの主要メンバーの一人であるトレス(Torres 2007)[8]は、CEAALの議論も交えながら民衆教育の軌跡と現状を論じている。本章では、先行研究における1990年代のラテンアメリカの民衆教育に関する議論を踏まえた上で、トレスの議論や『ラ・ピラグア』の論考等を参照し、それ以降の民衆教育の方向性も明らかにしたい。

2. 民衆教育を取り巻く変化

(1) 社会状況の変化

まず、第1章で確認したラテンアメリカの民衆教育を取り巻く社会状況が1980年前後からどのように変化したのかを確認する。

1980年前後から、ラテンアメリカ各国では民主化が進み、エクアドル(1979年)、ペルー(1980年)、ボリビア(1982年)、アルゼンチン(1983年)、ブラジル(1985年)、ウルグアイ(1985年)、チリ(1990年)における軍事政権の民政移管や、ハイチ(1986年)やパラグアイ(1989年)における独裁政権の崩壊が起こった。経済面では、1982年のメキシコを発端とする累積債務危機の克服を目的とした新自由主義的政策の導入により、経済成長の回復、インフレの抑制、外貨流入による国際収支の改善といった成果が得られた。他方、保護政策の撤廃、徹底した競争原理の導入、国営企業の民営化、雇用の柔軟化などによる失業率の上昇、貧富の格差拡大がもたらされた[9]。そのような社会的困難がありながらも、軍事政権や独裁政権、内戦に長く苦しんだ人々が民主主義のルールの枠内で行動しようとすることで、民主政治は安定するようになった。この結果、都市貧困層、貧農、先住民など、それまで国政の枠外にいた人々が、社会運動を通して国政に参加する傾向が目立つようになった[10]。社会運動の中には、先住民や貧困層の人権、土地に対する権利を求める運動があり、特に1994年のメキシコ・チアパスにおけるサパティスタ民族解放軍(EZLN: Ejército Zapatista de Liberación Nacional)[11]の武装蜂起、1984年「第1回土地なし農民全国会議」を契機に組織されたブラジルにおける土地なし農民運動(Movimento dos Trabalhadores Rurais Sem Terra: MST)[12]の活動が、既存の社会秩序に抗議する活動として注目されてきた。

上記のような社会の変化を背景に、大屋(2010)は1980年代後半から1990年代にかけて、民衆教育は以下の3点の新たな課題に直面したと指摘する。第一に、民主主義と国家の対抗関係の再考を挙げる。この時期にラテンアメリカ各国は相次いで民政移管したが、資本主義国家の枠内での民主化は、民

衆運動と国家機関への関わりを再考させ、国家への「市民参加」や「参加型民主主義」が着目された。その中で、公的機関への参加に資する民衆教育という課題が提起されると同時に、公教育と民衆教育との関係も再考を迫られた。第二に、「国家」と対照される「市民社会」概念の拡張を挙げる。先住民文化や人種、ジェンダーといった差異やアイデンティティが強調され、「新しい」社会運動[13]が注目された。この「新しい」社会運動は、旧来の左翼政党や労働組合から区別され、ソ連・東欧社会主義圏の崩壊を契機としたマルクス主義思想の影響力の低下とも結びついた。ここでの「社会」という形容詞は、「民衆」組織の「階級」性を薄めるものとも見なされ、民衆教育の依拠する「民衆」概念も再検討が迫られたという。そして第三に、1980年代のメキシコの金融危機に端を発する累積債務危機を契機として、ラテンアメリカ諸国が新自由主義的政策の導入を迫られ、公共部門の民営化、私有化、社会保障関連予算や生活必需品への補助金削減、資本移動の自由化などが行われ、マルクス主義思想が退潮するさなかに階級間の格差が拡大したと大屋は指摘する[14]。

　以上のように「社会変革」の対象となる社会自体が変化したことで、民衆教育の理論的側面において、社会を解釈する方法や、対抗相手の変更といった戦略の見直しが試みられるようになる。

(2) 実践における変化

　実践においても変化が見られた。ニカラグアのサンディニスタ政権下での民衆教育政策は民衆教育の一つの象徴的事例とも見なされていたが、政権が1990年の選挙に敗れたことで政策の転換が図られた。ビオレタ・チャモロ新政権では、非識字率の低下といったサンディニスタ政権による教育政策の成果も一定程度認められたが、イデオロギー的教育政策は批判されてカリキュラムの変換がなされた。また成人対象の民衆基礎教育 (Educación Básica Popular) は成人基礎教育 (Educación Básica de Adultos) となり、生成語、生成テーマ、集団討論 (対話) などの意識化の方法論を踏襲しつつ技術的向上が見られる一方で、教育の目的は民衆の組織化から個人の技術的能力の獲得へと

移行した[15]。

またブラジルでは、民衆教育に大きな影響を与えたフレイレが1989年から1991年にかけてサンパウロ市教育長として公立学校の運営に関与し、「民衆公教育 (Educação Pública Popular)」の実現に取り組み、公教育において民衆教育の要素をどのように活かすかという点も新たなテーマとなった。この取り組みについて具体的に見てみる。

フレイレが「民衆公教育」に取り組んだのは、労働者党市政下でのことであった。労働者党は1980年に結党され、労働組合、農民運動団体やリベラルな市民団体を支持母体として、社会問題の解決や経済的公正を主張する政党である[16]。フレイレは労働者党の結党に参加するとともに、同党指導者でのちに2003年から2011年まで大統領を務めたルラ・ダ・シルバとも親交があった。労働者党市政下のサンパウロでは、従来公教育の外部で行われてきた民衆教育を、公教育あるいは公立学校の中で行う「民衆公教育」、「民衆公立学校 (Escola Pública Popular)」の実現が試みられた。

「民衆公教育」実現のための教育改革は、4本柱からなっていた。第一に取り組まれたのは、教室の新たな建設や教員給与の引き上げなど、教育条件の整備であった。第二に、学校評議会の普及・活性化を通じた学校の民主化と自治の確立が取り組まれた。学校評議会は、父母や生徒、教職員によって構成され、学校の教育計画・運営方針などを審議する機関であるが、従来諮問機関であったものを審議機関として、予算配分の権限や一定の人事権などを付与し、自治機能の強化を試みた。第三に、学際的 (Interdisciplinária) アプローチによるカリキュラム改革などに取り組んだ。学際的アプローチとは、フレイレの識字教育方法を元に、地域・生活に関わる課題解決とカリキュラムの結合を意図したものであった。第四に、青年・成人対象の識字教育運動が展開された。これらの改革は、市教育局の強制ではなく、市教育局と教職員、父母、児童・生徒との対話の上、実施の可否を問う形が取られた。

しかし、1992年の選挙で労働者党が敗れ、学校評議会制度は定着しなかった。また、学校評議会制度やカリキュラムの学際的アプローチは、従来の権

威主義的な学校文化からの方向性の転換を伴うものであり、実施に当たっては教職員等の抵抗もあった[17]。

さらにラテンアメリカの教育状況全体として、1970、1980年代を通して、貧困層にも教育機会が開かれるようになったという変化もあった。先述のフレイレの公立学校での実践と重なるが、1990年代になると、貧困層の通う公立学校の予算の少なさ、貧弱な施設設備、準備不足かつ薄給でやる気のない教員、(学校と政府とを媒介する)行政機関による汚職といった、教育の質の問題に焦点が当たるようになった[18]。

このように、民衆教育の実践の中で政治的・イデオロギー的側面は後景に退き、学校教育の状況をいかに改善し、関係者の参加等の民主主義的な文化をいかに学校の中に取り入れていくかという視点が重視されていくようになる。

3. 民衆教育の再考

次にCEAALを中心に、民衆教育の新たな方向性を模索する動きを見ていく。CEAALによる『ラ・ピラグア』誌上ではしばしば、民衆教育は1990年以降に変容したように語られる。しかし上記のように民衆教育を取り巻く社会状況や実践の変化は1980年前後からすでに生じており、1989年創刊の『ラ・ピラグア』ではそうした状況をいわば後追いする形で、民衆教育の新たな方向性やその理論化を模索していたと考えられる。

パルマ(Palma 1992)は『ラ・ピラグア』4号において、ラテンアメリカ域内の民主化に期待を寄せるとともに、新自由主義が社会にもたらす影響を懸念しながら、学校教育の機会が拡大する中で民衆教育が改めてその意義を提示する必要性を論じた[19]。6号においてメヒア(Mejía 1993)は、民衆教育が社会の変化に対応するために、その「再構築」(refundamentación)が必要だと論じた[20]。またCEAALは1994年にハバナで開催した会議で「再構築」をテーマとした[21]。『ラ・ピラグア』誌上においても、民衆教育の再考や再構築を

第2章　1990年代以降のラテンアメリカ民衆教育のパラダイム　59

テーマとした特集が組まれた。例えば、民衆教育を批判的に評価し、新たな戦略を探ったり (balance crítico y nuevas estrategias)（5号）、新たな領域 (nuevos horizontes) について論じたり (12-13、18、23号)、民衆教育に関する議論 (debate) を行ったり (20、21号)、民衆教育の再創造 (recreándola)（30号）、考察や意見の集約 (reflexiones)（32、33号）を行っている。これらを含む全ての副題一覧は、本章末尾の表2-2に示してある。

　では具体的に『ラ・ピラグア』誌上では、再構築についてどのように述べられているのだろうか。トレスは、そもそも民衆教育の実践自体が、国によっても地域によっても多様であり、単一の理論や「再構築」という言葉で語ることの限界も指摘する[22]。その一方で、トレスは方向性の重要な転換があったことは認め、再構築の内容として、民衆教育における以下の5点の転換を指摘する。すなわち、第一に、従来はマルクス主義的な社会の解釈を中心としていたのに対し、ヘゲモニーや社会運動、市民社会、社会的主体といった多様な視点や分析カテゴリーを導入したことである。第二に、従来は「権力の奪取」を唯一の手段とする革命的解釈を行っていたのに対し、政治や権力は家庭や学校、NGO等あらゆる社会空間においても存在すると認識したことである。そして、政治形態としての民主主義や市民の擁護を重視するようになった。第三に、従来は社会的主体を政治経済的視点から捉えていたのに対し、主体を多面的に捉え、その人のアイデンティティにおける文化的側面や個人的、私的側面を重視することへ転換したことである。第四に、従来は民衆教育では学習者が自分の置かれた状況を意識することが強調されてきたのに対して、意識は人間の主体性の一側面に過ぎないとして、学習者の知的、情緒的、身体的等の多様な側面を重視するようになったことである。第五に、方法論や教育学的観点における転換である。グループで問題を共有し、対話による解決を目指すという弁証法的な方法論と参加型手法にこだわるのではなく、民衆教育自体の教育学を求め、北米の批判的教育学や学校教育等、教育学の他の領域からの知見を得ようとすることへの転換である[23]。

　また、ボリビアのサン・アンドレス大学教授で「ボリビア民衆教育者運動」

という団体の創設者であるフェルナンデスは、文化的多様性・文化相互性（interculturalidad、先住民や彼らの文化・権利の尊重および異文化間相互の認識・尊重）に関する文脈の中で、1990年代初頭までの民衆教育で典型だった概念や実践においては、一般的に労働者を社会構造の変革を起こす主体として捉えていたと指摘する。これらの「主体」の主体性は「階級意識」の発展に単純化され、文化、ジェンダー、世代といったその他のあらゆる要素は副次的なものとされた。文化や、芸術、習慣、言語、生産や組織の形態といった様々な文化的表現はもちろん考慮されていたが、それらは「民衆の文化対ブルジョワジーやエリートの文化」といった軸で捉えられていた[24]。すなわち、先住民の文化や文化相互性といった要素は、階級間の対立という支配的な文脈の中で重視されていなかった。

イギリスに本部を置く国際NGOであるオックスファム（Oxfam）の一員としてラテンアメリカで働いた経験を持ち、その後スコットランドのグラスゴー大学で教鞭を取るケインによると、1990年代の民衆教育における「基盤の問い直し」すなわち「再構築」以前は、抑圧とは第一に階級の観点から捉えられ、民衆教育は経済的に恵まれない人々のための闘いに寄与することに焦点が当てられていた。しかし現在では、抑圧はより幅広いテーマ（民主主義、人権、市民性、ジェンダー、異文化、環境保護主義）を含むものと見なされるようになった。そして民衆教育はこれらに関与する組織や運動と関係するものと考えられるようになった[25]。

ただし、ジェンダーや先住民、人権といった「新しい」テーマが民衆教育の実践において1990年代以前は扱われていなかったわけではなく（第3章第4項参照）、先述のフェルナンデスの指摘のように階級概念に付随するものとして捉えられたことはあった。ジェンダーに関して言えば、CEAAL内の議論では男性中心主義的な面はあったものの[26]、扱われてはいた。また、1990年代初頭から継続的に民衆教育の再考に関する議論が見られることから、CEAALの中では、特定の年に議論の潮目が変わるというよりは、民衆教育は常に変化の途上にあると捉えられていると考えられる。

第2章　1990年代以降のラテンアメリカ民衆教育のパラダイム

表2-1に、創刊号（1989年）から42号（2016年）までの『ラ・ピラグア』各号に副題として2回以上取り上げられているキーワードを挙げた。ここには、識字（2、25、34号）、ジェンダー（10、35号）、国際成人教育会議（CONFINTEA）[27]（14、29号）、社会運動（27、38号）、民衆運動、民衆教育者の運動（40、42号）や、政治、政策（11、12-13、22、26、39号）、権力（8、12-13、26、37号）、市民、市民性、市民権（8、10、12-13号）といったキーワードが見られる。この中で、政治、政策（política）というキーワードは、「教育学と政治」、「市民の政治」、「教育政策への影響」といった形で見られ、どのように民衆教育が政治や政策に関与するのか、という文脈で用いられている。

表 2―1　『ラ・ピラグア』副題で2回以上取り上げられたキーワード

キーワード	号数
識字	2、25、34
ジェンダー	10、35
国際成人教育会議	14、29
社会運動	27、38
民衆教育運動、民衆教育者の運動	40、42
政治、政策	11、12-13、22、26、39
権力	8、12-13、26、37
市民、市民性、市民権	8、10、12-13

（筆者作成。全副題一覧は本章末尾の表2―2参照）

この他にも各1回ずつ見られるキーワードに、民主主義（1号）、コミュニケーション（3号）、学校（4号）、近代、文化相互性（6号）、NGO（19号）、青年期、若者（31号）、連帯経済[28]（36号）、参加民主主義（42号）がある。

このように民衆教育は変容してきたが、2012年から2016年までCEAALの事務局長を務め、ペルーのCEAAL加盟団体TAREAに所属するセスペデ

スは、民衆教育とは何をおいてもまず、変革のための教育(educación transformadora)である点は変わらないと捉える。彼女は、民衆教育の核となる特徴として、次の点を挙げた。それらは、多様な社会的主体のエンパワーメント、現実をより公平・公正なものにするために批判的に読み解くこと、多様な他者との対話により知識を交換すること(diálogo de saberes)、現実から出発し、対話により実践の改善を図るという活発な教育学的手法を用いること、参加型の手法を用いること、民主主義や団結といった価値を重視することである。民衆教育においては、限界を呈した社会主義を以前のように志向しないものの、現在の資本主義は排除や差別を生み出し続けているとして、富が分配され、格差が縮小し、すべての人にとって望ましい経済モデルを目指す。また望ましい社会を実現するためのCEAAL加盟団体の取り組みは、例えばジェンダーや先住民(開発をめぐる土地の権利や連帯経済、異文化間二言語教育など)といった課題に応じて、学校教育内外を問わず、様々な場や形態で行われる[29]。「変革」は民衆教育におけるキーワードであり、それ自体は多義的なものであるが、セスペデスが述べる変革とは、社会をより公平・公正なものにすることを意味する。

　以上のように民衆教育の関係者の間で繰り返された民衆教育の「再構築」の議論を経る中で、改めて民衆教育はどのような課題と関わり、いかなる方向性(新たなパラダイム)を目指すようになったのか、次に検討する。

4. 民衆教育の新たなパラダイム

　ブラジルの教育学者ガドッチ(2003)は、「民衆教育の未来の可能性がどこにあり、それが過去においていかに有効であったか、そして、世界各地で起こっている国家の役割の後退と構造調整計画を伴う対外債務・財政危機の現状の中で、民衆教育がどのような意味を持つのか、これらを見極めるための新しい理論パラダイムがまさに生まれようとしている[30]」と指摘するも、それが具体的にどのようなものであるのか明確には示していない。一方、社会

の変化やそれを受けての民衆教育の有効性の問い直し、依拠する理論の検討すなわち再構築の試みから、CEAALは民衆教育の新たなパラダイムについても議論してきている。

　CEAAL第7回大会（コチャバンバ、2008年8月）では、2008年から2012年の活動方針（Líneas de Acción para el Período 2008-2012）が採択され、解放のパラダイム（paradigmas emancipatorios）の構築が方針の一つになった。2008年から2012年の活動方針は、①解放のパラダイムの構築へのCEAALと民衆教育の貢献、②社会運動の活動における民衆教育の実践、③民衆教育と教育政策への影響、④民衆教育とジェンダー間の平等、⑤民衆教育、参加民主主義、政府・社会の新たな関係、⑥文化相互性の6点である。この中で③教育政策への影響について付言すると、幼児や貧困層の若年者や母親、非識字者などの教育の権利を重視した政策を行うよう、NGO同士や国際機関と連携して各国政府に訴えていくことが述べられている[31]。なお、上記の活動方針の設定や解放のパラダイム構築を目指すという方向性は、それまでの議論を踏まえたものであり、2008年を境にCEAALが考える民衆教育が変容したということではない。この活動方針では、解放のパラダイムの構築という概念の提示と、社会運動やジェンダー間の平等、政治や政策への関与、そして文化相互性といった個別的なテーマが並列になっている。文化相互性や社会のあり方をめぐって、CEAALは持続可能な開発を重視し、開発のパラダイムとして、アンデスの先住民言語であるケチュア語で良き生、良く生きることを意味するスマック・カウサイ（Sumaq Kawsay、Sumak Kawsay。スペイン語ではBuen Vivir、Vivir Bonito）という概念、すなわち人間と自然との平等で調和のとれた、互恵的な関係を重視する概念を評価している[32]。この概念は、先住民運動や先住民の政治参加が活発なエクアドルとボリビアの憲法の中でも言及されている[33]。

　CEAALの中でも特に頻繁に解放のパラダイムについて言及しているトレスは、解放のパラダイムとは「唯一の思想、モデル」（しばしば新自由主義がここに当てはめて論じられる）の代替となる理論的アプローチや政策のまとまり

であるとする[34]。しかしながら、解放のパラダイムはあくまで抽象的な言及に留まっており、十分な定義を行っているとは言い難い。したがって、CEAALは民衆教育の「新たな」、「別の」パラダイムを求めながらも、それを一つの言葉で表すことはできず、あるいはあえて表さず、多様な実践や社会運動と民衆教育との関連によって、今後の方向性を示す形になっている。すなわちCEAALは民衆教育の今後の方向性について、一つのパラダイム（枠組み）から演繹的に見出され、集約されるのではなく、学習者の多様性を考慮しながら、個々の実践が見出していくものと捉えていると考えられる。

5. おわりに

以上のように民衆教育維持・発展論者のCEAAL関係者によると、1990年代以降の民衆教育は「社会を変える」という変わらない目的を持ちながら、政治経済的状況における抑圧という文脈を超え、先住民、ジェンダー等、より個別的な領域における差異や不平等に着目するとともに、学校教育や教育政策への影響を重視するようになった。またCEAALが国際成人教育協議会（International Council for Adult Education: ICAE）やドイツ民衆大学連盟の国際協力組織であり青年・成人教育支援を行うDVV Internationalと連携することで、このような民衆教育のテーマの拡大も含めてラテンアメリカ域内だけでなく域外にも発信するアドヴォカシー（政策提言）の役割を果たしている。ただしテーマの広がりは諸刃の剣でもある。ケインは、民衆教育の概念は、ある教育アプローチの総称であって、しばしばその下位分類に人権、地域開発、ジェンダーといった具体的な活動内容が組み合わされ、非常にわかりにくくなっていること、そしてまた逆に、そういった下位分類の活動がすなわち民衆教育を表すわけではないことを指摘している。これと関連して、メキシコのサパティスタ民族解放軍等を例に挙げながら、活動理念や実施方法が外部から見て民衆教育と一致すると考えられる活動やCEAALの指摘するような社会の変化と関連する個々の活動自体について、当事者が必ずしも自分

第 2 章　1990 年代以降のラテンアメリカ民衆教育のパラダイム　65

は民衆教育を行っているとは認識していない場合があることを指摘している[35]。こうした民衆教育の政治的側面、急進的な側面の希薄化や、テーマの広がりにより、民衆教育としての固有性が見出されにくくなっている。

　以上のCEAALの議論はラテンアメリカの民衆教育を包括的に捉えたものである。CEAALは、1990年代以降の民衆教育において、教育政策や先住民文化との関連がより重要になると捉えている。では、本章で見た民衆教育の変容は、一国の教育政策や先住民文化との関連においてどのような様相を見せているのか、ペルーの状況を第3章、第4章で検討する。

注

1　CEAAL は 2012 年の第 8 回 CEAAL 総会（VIII Asamblea General del CEAAL）において、ラテンアメリカ成人教育協議会（Consejo de Educación de Adultos de América Latina）からラテンアメリカ・カリブ民衆教育協議会（Consejo de Educación Popular de América Latina y el Caribe）へと名称変更した。その目的は、成人に対する教育よりもより幅広い領域・方法で批判的・解放的・変革的な民衆教育を行うという活動の根本を明確に示すためとされる（Jara, Oscar. "Los desafíos de los procesos de educación popular en el contexto actual." *La Piragua*. N°40, 2014, p.5）。また、地域的な広がりを明確にするため、団体名に冠する地域名を「ラテンアメリカ」から「ラテンアメリカ・カリブ海地域」へと変更したものと考えられる。

2　加盟団体のある国は、ボリビア、コロンビア、エクアドル、ペルー、ベネズエラ、ブラジル、キューバ、ハイチ、プエルトリコ、ドミニカ共和国、コスタリカ、エルサルバドル、グアテマラ、ホンジュラス、ニカラグア、パナマ、アルゼンチン、チリ、パラグアイ、ウルグアイ、メキシコである。加盟団体数については合計団体数のみ記されており、各団体の加盟時期や団体数の変遷等は明らかではない（http://www.ceaal.org/v2/cdirectorio.php、2017 年 8 月 8 日確認）。

3　CEAAL 本部（sede）は、はじめはサンティアゴ（チリ）に置かれ、その後 4 年ごとの選挙（再選可能）で選出される事務局長（secretario general）の居住地に置かれることとなった。そのため、メキシコシティ（1996 ～ 2004 年）、パナマシティ（2004 ～ 2012 年）、リマ（2012 ～ 2016 年）、グアダラハラ（メキシコ）（2016 ～ 2020 年）へと移動している（組織図（organigrama）http://www.ceaal.org/v2/corganigrama.php、役員（comité directivo）http://www.ceaal.org/v2/ccomitedir.php、いずれも 2017 年 8 月 10 日確認）。

4　2014 年 9 月 5 日リマ市内におけるネリダ・セスペデス（Nélida Céspedes）氏

へのインタビューによる。
5 CEAAL『ラ・ピラグア』(http://www.ceaal.org/v2/cpub.php?publica=0、2017年8月10日確認)。なお、18号(2000年)と19号(2004年)の出版間隔が他の号より空いているが、これは組織的・資金的事情によることが19号の巻頭に記されている。
6 Austin, Robert. "Popular History and Popular Education: El Consejo de Educación de Adultos de América Latina." *Latin American Perspectives*. Vol.26, No.4, 1999, pp.39-68.
7 Kane, Liam. *Popular Education and Social Change in Latin America*. London: Latin American Bureau, 2001.
8 Torres Carrillo, Alfonso. *La educación popular: trayectoria y actualidad*. Bogotá, D. C.: Editorial El Búho, 2007.
9 今井圭子「経済」大貫良夫ほか監修『新版　ラテンアメリカを知る事典』平凡社、2013、p.459。
10 恒川惠一「政治」大貫良夫ほか監修、2013a、前掲書、p.453。
11 マヤ系住民を主体とする政治軍事組織。1983年に組織が創設され、1980年代後半にチアパス州東部のラカンドン密林地域に入植していた先住民の協同組合組織化の中で支持者を増やした。1994年1月のチアパス州東部の主要都市の占拠以降、軍事攻勢を展開せず、交渉や対話による平和的解決の方針を堅持している。その目標は、労働、土地、住宅、食料、健康、教育といった基本的権利が保障され、自由、民主主義、正義のあるメキシコの建設である（小林致広「サパティスタ民族解放軍」大貫良夫ほか監修、2013、前掲書、p.182）。
12 土地なし農民運動は、植民地時代以来の大土地所有と零細農・土地なし農民の二極化を背景に、社会的機能を果たしていない土地を占拠し、土地を持たない人々に分配する社会運動である（田村梨花「NGOによる教育実践と子どものエンパワーメント：ブラジルの事例から」篠田武司・宇佐見耕一編『安心社会を創る：ラテン・アメリカ市民社会の挑戦に学ぶ』新評論、2009、p.178）。
13 「新しい」社会運動に関しては、大串和雄『ラテンアメリカの新しい風：社会運動と左翼思想』同文舘出版、1995に詳しい。ラテンアメリカの新しい社会運動は軍事政権下の抵抗運動として1970年代後半以降に興隆した。その特徴として、共同体志向と底辺（草の根）民主主義、運動の外部に対する自律性の主張と権利意識の拡大、女性の役割の拡大が挙げられている（同書、pp.49-55）。
14 大屋定晴「ラテンアメリカにおける批判的知の形成：パウロ・フレイレ、民衆教育から世界社会フォーラムへ」『唯物論研究年誌』第15号、2010、pp.137-138。

15 牛田千鶴「ニカラグアにおける『民衆教育』以後の社会状況と教育実践」牛田千鶴編『ラテンアメリカの教育改革』行路社、2007、p.184、松久玲子「ニカラグア：チャモロ政権の教育改革と成人教育」『ラテンアメリカ研究年報』第14号、1994、pp.254-280、松久玲子「ニカラグアの教育システム分析：チャモロ政府の教育方針の転換に関する考察」『同志社外国文学研究』第63号 1992b、pp.59-66。
16 恒川惠市「政治（ブラジル）」大貫良夫ほか監修、2013b、前掲書、p.570。
17 以上のブラジルの民衆公教育の取り組みに関しては、野元弘幸「ブラジルにおける民衆教育運動の現在：労働者党市政下サン・パウロ市における『民衆公教育』の試み」新海英行・牧野篤編著『現代世界の生涯学習』大学教育出版、2002、pp.286-298 参照。
18 Rivero, José. "Aportes centrales del movimiento de la educación popular." *La Piragua*. N°21, 2004, pp.59-60.
19 Palma, Diego. "Los desafíos de la educación en América Latina: la agenda vista desde la educación popular." *La Piragua*. N°4, 1992, pp.3-6.
20 Mejía, Marco Raúl. "Las tareas de la refundamentación: la educación popular hoy." *La Piragua*. N°6, 1993, pp.17-29.
21 Kane, Liam. 2001, *op.cit.*, p.218
22 Torres Carrillo, Alfonso. "Ires y venires de la educación popular en América Latina." *La Piragua*. N°18, 2000, pp.19-22.
23 Torres Carrillo, Alfonso. "Coordenadas conceptuales de educación popular desde la producción del CEAAL (2000 a 2003)." *La Piragua*. N°20, 2004, p.26.（自身の執筆した Torres Carrillo, Alfonso. 2000, *op.cit.*, pp.24-27 からの要約。）
24 Fernández Fernández, Benito. "Educación popular y diversidad cultural: desafíos emergentes." *La Piragua*. N°39, 2014, p.26.
25 Kane, Liam. 2001, *op.cit.*, p.221.
26 Austin, Robert. 1999, *op.cit.*, pp.56-57.
27 ユネスコが主催する成人教育に関する国際会議。
28 連帯経済（economía solidaria）とは、連帯・参加・協同を原理とする経済領域であり、営利を第一の目的とせず、社会的な目的（人権擁護、環境保護等）を実現するために経済活動を行う開放的・自律的・民主的な共同経済組織と位置付けられる。具体的には、生産・生活協同組合や NGO／NPO による各種の取り組み、フェアトレードなどが挙げられる（廣田裕之「補完通貨と地域の再生：南米諸国の例から学ぶ」篠田武司・宇佐見耕一編、2009、前掲書、p.263）。
29 2014年9月5日リマ市内におけるネリダ・セスペデス氏へのインタビューによる。

30 ガドッチ，モアシル著、野元弘幸訳「ラテンアメリカにおける民衆教育の歴史と思想」江原裕美編『内発的発展と教育：人間主体の社会変革とNGOの地平』新評論、2003、p.372。
31 CEAAL. *Líneas de acción.* (http://www.ceaal.org/v2/caccion.php, 2017年8月30日確認) および同ページ内の文書 Líneas de acción explicación.docx. 参照。
32 セスペデス氏へのインタビューおよび *La Piragua.* Nº40, 2014 参照。
33 新木秀和『先住民運動と多民族国家：エクアドルの事例研究を中心に』御茶の水書房、2014、pp.239-244, p.259 注 (66)。
34 Torres Carrillo, Alfonso. "Educación popular y nuevos paradigmas: desde la producción del CEAAL entre 2004 y 2008." *La Piragua.* Nº28, 2009, p.7; Torres Carrillo, Alfonso. 2007, *op.cit.*, pp.89-90.
35 Kane, Liam. 2001, *op.cit.*, pp.22-23, p.132.
なお、柴田修子「サパティスタ自治区における実践：自治学校を事例として」『社会科学』第44巻第2号、2014、pp.53-73 はサパティスタ自治区での自主的な学校運営の内容と課題を述べている。

表 2—2 『ラ・ピラグア』の副題一覧

第1号（1989）民衆教育と民主主義
第2号（1990）識字化
第3号（1991）民衆のコミュニケーションとラテンアメリカの挑戦
第4号（1992）民衆教育と学校
第5号（1992）民衆教育の批判的評価と新たな戦略
第6号（1993）ラテンアメリカの近代、文化相互性、民衆教育
第7号（1993）ラテンアメリカにおける批判的教育学の理論と実践
第8号（1994）市民権と地方の権力のための教育
第9号（1994）ラテンアメリカの教育研究：新たな共通アジェンダの設定へ
第10号（1995）市民権とジェンダー：ラテンアメリカの教育のための新たな視座
第11号（1995）教育学と政治：ラテンアメリカの変革のための教育の過程と行為者
第12-13号（1996）権力の変化と構築のための新たな領域：市民の政治としての民衆教育
第14号（1998）第5回国際成人教育会議：ラテンアメリカからの評価
第15号（1999）民衆教育において軸となる横断的テーマ
第16号（1999）ラテンアメリカの実践の体系化
第17号（2000）ラテンアメリカの民衆教育の軌跡と領域からの教育者の養成
第18号（2000）民衆教育：新たな領域と新たな取り決め
第19号（2004）ラテンアメリカのNGOに関する議論
第20号（2004）民衆教育に関するラテンアメリカの議論1
第21号（2004）民衆教育に関するラテンアメリカの議論2：民衆教育の有効性：ラテンアメリカの教育者の振り返り
第22号（2005）教育政策への影響

第23号（2006）経験の体系化：これまでの道のり、新たな領域
第24号（2006）ラテンアメリカが我々に挑戦する
第25号（2007）非識字のないラテンアメリカ　いつ、いかにして？
第26号（2007）教育政策への影響：権力が構築しつつあるもの
第27号（2008）民衆教育と今日の社会運動：新たな挑戦と取り決め
第28号（2009）民衆教育と解放のパラダイム
第29号（2009）第6回国際成人教育会議におけるラテンアメリカ・カリブ海地域、すべての人が花開くために…1997年ハンブルグから2009年ベレンへ
第30号（2009）民衆教育：我々の時代に再創造する
第31号（2009）教育と青年期：教育への権利行使のために障害を乗り越えるラテンアメリカの若者たち
第32号（2010）深く掘り下げる：民衆教育の状況に関する考察
第33号（2010）CEAAL加盟団体の意見と実践を共有して
第34号（2011）識字化と質の高い基礎教育、若者と成人のための権利。政策と挑戦：イベロアメリカ識字化計画
第35号（2011）ジェンダー、女性、フェミニズム：女性たちの闘いへの民衆教育の貢献
第36号（2011）連帯経済
第37号（2012）第8回CEAAL総会　2012年5月：民衆教育とラテンアメリカ・カリブ海地域における権力構築の動き
第38号（2013）社会運動と民衆教育への挑戦：CEAALからの視点
第39号（2014）民衆教育からの政策綱領への賭け
第40号（2014）民衆教育運動を作る
第41号（2015）民衆教育、社会科学、大学
第42号（2016）主権、社会・環境における正義、参加民主主義、平和：21世紀のための民衆教育者の運動

（筆者作成）

第 2 章　1990 年代以降のラテンアメリカ民衆教育のパラダイム　71

写真 2—1　2014 年キト（エクアドル）で開催された CEAAL の集会の様子

写真 2—2　2014 年キト（エクアドル）で開催された CEAAL の集会の様子

第3章　ペルーにおける民衆教育と教育政策、市民社会

1. はじめに

　第2章までに見たように、ラテンアメリカの民衆教育は、エリートを重視する既存の学校教育に対する代替的な取り組みとして1960年代以降盛んになった。そしてその民衆教育は、各国での軍事政権からの民主化や独裁政権の崩壊、経済状況の変化といった社会の変化とともに、その方向性を変えてきた。また方向性の変化は、政府と市民社会との関係性の変化も伴うものであった。

　本章では、第2章に引き続き、本研究の分析の第一の視点である、民衆教育の変容と現状の多面的理解を試みる。第2章ではラテンアメリカの民衆教育を包括的に捉えた上での、変容に関する議論を取り上げた。本章はペルーに焦点を当て、ペルー社会の変化の中で、「民衆」概念や民衆教育がどのように変化してきたのか、政策との関連および市民社会の関与を軸に描出することを目的とする。そしてその変化の結果が、ペルーにおいて民衆教育は消滅、あるいは制度に包摂されたとする立場（制度包摂論者）につながることを示す。

　ペルーでは民衆教育の名を冠した教育政策は行われていない。しかし1968年のクーデターによって成立した軍事政権は、社会構造の変革を課題として掲げる改革主義的な思想を持ち、それに基づく教育改革を目指すという民衆教育に親和的な政策を掲げた。その後教育改革は頓挫したが、2000年代に入ると、1980年代までに民衆教育に関与した教育関係者も、教育政

策形成に関与するようになった。以下、第2節で20世紀前半のペルーでの民衆教育の背景となる思想や実践を確認したのち、第3節で1968年に始まる軍事政権期の教育改革について、第4節で民政移管後の市民社会の教育への関与について、第5節で2003年総合教育法への民衆教育の影響とペルー社会の変化について述べる[1]。

なおペルー基礎教育評価・認定・保証機関(Instituto Peruano de Evaluación, Acreditación y Certificación de la Calidad de la Educación Básica: IPEBA)によると、ペルーにおいて市民社会という用語には、NGO、教会、労働や職業に関する領域で活動する様々な社会組織、労働者団体が含まれており、本書もこれに準ずる[2]。

2. 20世紀前半のペルーの民衆教育

第1章でも述べたように、民衆教育は一般的に1960年代以降に盛んになったが、歴史的にそれ以前の時代にさかのぼることができる。ペルーの民衆教育に関しても、その底流に1920年代から1930年代のインディヘニスモ(先住民復権運動)[3]や労働運動、社会主義等の影響があり、1970年代に階級意識のイデオロギー的・政治的側面が強くなり、発展した[4]。インディヘニスモや労働運動の根本には、19世紀から20世紀に移り変わる中で先住民を含む民衆を国民統合の対象として考え、彼らに教育機会を提供するかどうかという議論、寡頭支配体制を糾弾する議論があった[5]。

1918年にアルゼンチンのコルドバ大学で始まった大学改革を目指す学生運動[6]は労働組合運動やイデオロギー思想運動とも結びつき、ペルーにも波及した。のちにアプラ(アメリカ人民革命連合、Alianza Popular Revolucionaria Americana: APRA)[7]を結成するビクトル・ラウル・アヤ・デ・ラ・トレは当時サンマルコス大学の学生であり、大学の学生運動指導者となった。アヤは1919年に8時間労働をめぐる労働者のゼネストを支持し、1921年に労働者や農民のためのゴンサレス・プラダ民衆大学を主宰した[8]。ゴンサレス・プ

ラダ民衆大学では、インディヘニスモに関する代表的な思想家かつマルクス主義者であるホセ・カルロス・マリアテギも講義を行った。インディヘニスモで問題とされたのは、国が一部の支配者層に取り仕切られ、先住民が抑圧と貧困に苦しんでいることであった。そこで大土地所有制による搾取からの先住民の解放が目指された。マリアテギの思想の特徴は、社会革命の主体として、労働者だけでなく先住民農民も想定したことである[9]。マリアテギは主著『ペルーの現実解釈のための七試論』(1928)において公教育の課題に触れ、大学を含む公教育が植民地時代を引きずり、依然として特権階級のためのものとなっていることを批判した[10]。また、マリアテギはプロレタリアートの階級意識の形成や労働者の組織化を目指し、ペルー労働者総同盟(Confederación General de Trabajadores del Perú: CGTP)を創設するなど、のちの民衆教育や民衆文化の形成に影響を与えた[11]。なお、民衆大学はペルー各地に設立されたが、1924年にレギア政権によって閉鎖を命じられた[12]。ペルーの民衆教育の源流には、このような先住民に対する搾取や抑圧を告発する思想家の存在や、労働運動と関連したノンフォーマルな教育活動があった。

その後の労働者に対する教育、識字教育の流れを簡潔に確認すると、1930年にはアプラも、マリアテギが作ったペルー社会党の流れをくむ共産党も非合法化され、その教育活動も地下活動化した。1957年には合法化されたアプラを中心に労働者向けの学校が作られた。1960年代に入ると、アメリカの援助政策「進歩のための同盟」の一環として、職業教育や貧困層居住地区での識字教育も行われた。1961年には職業教育機関として全国産業技術学習機関(Servicio Nacional de Aprendizaje y Trabajo Industrial: SENATI)の設立が定められ、そこでは識字教育や職業教育が行われた。1950年代から1960年代にかけて学校教育も学校外教育も大きく発展したが、特に農村や都市周辺部の需要に応えるには質・量とも不十分であった[13]。

3. 1970年代軍事政権下の教育改革と民衆教育

(1) 軍事政権初期の教育改革 ―社会構造の変革と意識化―

　1968年、フアン・ベラスコのクーデターにより、軍事政権が成立した。軍事政権の目的は、ペルー経済の古い構造を改革し、生産組織を合理化し、開発と発展の道を開くことであった。そしてそのために古い寡頭階級の特権を廃止し、民衆の要望に応えた社会・経済改革を実施し、より公平な富の分配を図った。具体的には、大土地所有制と大農園解体のために農地改革を行うとともに、電力・通信・工業・鉄道・漁業など産業の国有化を通じて内外の独占的権力を抑え、経済の国家独占を強めることで、「従属と低開発」に挑戦した[14]。当時のラテンアメリカや西洋において、近代化論に見られるように、開発とは貧困を克服することであり、遅れた「低開発の」国々は進歩の段階を経て「発展」に到達すべきものと考えられていた。これに対して、軍事政権やこれに関与した知識人は、当時ラテンアメリカの知識人の間で有効だと考えられていた従属論の反帝国主義的な側面に共鳴していた。軍事政権関係者は、開発とは、アメリカへの政治経済的従属からの解放であり、社会の支配構造を変革することだと考えていたのである[15]。

　軍事政権下では、サンマルコス大学で教鞭を取っていた哲学者アウグスト・サラサール・ボンディを中心とした教育改革が取り組まれた[16]。まず1970年に、教育状況の分析と改革の方向性を示した報告書（*Reforma de la Educación Peruana. Informe General*、いわゆる『青書』（Libro Azul））が公表された。その内容はかなり先進的なものとしてユネスコの称賛を受け、『脱学校の社会』で知られるイヴァン・イリッチやパウロ・フレイレらの賛同も得た[17]。

第3章　ペルーにおける民衆教育と教育政策、市民社会　77

写真3―1　教育改革に関する会議にて（リマ市内、1972年）
左から、イヴァン・イリッチ、パウロ・フレイレ、アウグスト・サラサール・ボンディ
（出典：サンマルコス大学中央図書館[18]）

　教育改革の内容は1972年総合教育法（Ley General de Educación、法令第19326号）に結実した。同法の冒頭では、長文の法制定の目的が述べられている。まず、「伝統的なペルーの根本的問題は、低開発かつ従属的な国の構造的な状況に由来する」と指摘する。また「教育を含めたすべての制度的機構は、革命が根本的に解消しようとする伝統的構造の本質と性質を今日まで反映している。革命前のペルーの制度的機構の機能は、規定された法令を正当化し、保護し、それゆえ少数の特権的な人々の不当な利益を永続させることにあった」と述べ、伝統的な社会構造や教育を批判した。さらに「教育はペルーの全体的な現実と切り離せないものであり、革命の過程において、この革命の歴史的意義として認識される構造変革の前提あるいは付加的なものに留まらない。教育問題は、単なる近代化の手段や設備の一つとして立ち向かうものではなく、反対に、その他のペルーの基本的な問題と同様に、真に変革的な性質を備えた徹底的かつ一貫した手法を必要とする課題である」と、教育改革の重要性を指摘する。

その上で、新たに提供される教育は、意識化（concientización）による批判的意識の形成と、共同体の積極的かつ継続的な参加を特徴とすることとされた。ここでの意識化とは、「すべての人間が自分の置かれた個人的・社会的現実を深く理解する機会のことであり、それがなければ人は完全な自己実現をすることができない」と述べられている。この「意識化」は、フレイレの教育思想に影響を受けたものである。法律の中で「社会構造の変革」や「意識化」といった言葉を使い、伝統的な社会構造を批判した1972年総合教育法は、民衆教育と問題意識を共有していたのである。

　同法では、教育制度の大幅な変更、教育の地方分権、教育運営への保護者や地域住民の参加[19]、自動進級制の採用、成人教育の拡充、識字教育と意識化を組み合わせた統合的識字教育の導入、特殊教育の振興、先住民言語とスペイン語による二言語教育の振興[20]といった様々な改革も打ち出された。しかし実施に当たっては軍事政権による権威主義的手法に対する現場の教員の反発があったほか、軍部の保守派はイデオロギー性の強い「意識化」を共産主義化であると警戒し、カトリック系私学は教育の統制と私学への介入の強化に不満を募らせた。また大規模な教育改革にもかかわらず予算が不十分であった[21]。

　1975年の軍部内クーデターにより、フランシスコ・モラレス・ベルムデスが政権を取ると、教育改革は見直された。そして1980年のベラウンデ政権への民政移管後、1982年に新たな総合教育法（Ley General de Educación、法令第23384号）が制定された。

(2) 1970年代における民衆教育の発展

　ベラスコ政権下の1969年から実施された農地改革による大地主制の解体は、都市周辺部の拡大につながった。まず農地改革によって、それまで色々な形で拘束されていた農民たちが自由に行動できるようになった。しかし、貧農に分配される土地はわずかであり、1970年代には改革の恩恵を受けない農民が大都市へ移住するようになった[22]。序章で述べた通り、移住者た

ちは使われていない土地を不法占拠する形で居住を既成事実化していった。こうした都市周辺部においては、1970年代、教育改革のさなかにあっても、学校施設の整備が十分になされず、保護者が自分たちで学校建設のためのレンガや机、いすを用意したり、あるいは土地がないために子どもが道路など屋外で勉強する場合もあった[23]。

　他方でこの時代、労働組合、農民、都市周辺部の住民の活動を基盤とした民衆教育が取り組まれた。その中では、小冊子の発行、演劇や音楽などの文化活動、農業技術の伝達や労働者の研修、民衆図書館の運営などが行われた。こうした活動の背景には、まずベラスコ政権期に労働組合の活動が活発化し、その数が増加したこと、ベラスコ政権が革命支持を組織するために創設した全国社会動員促進機構 (Sistema Nacional de Apoyo a la Movilización Social: 以下SINAMOS)[24] により民衆の動員が進んだことがある。ただしSINAMOSと結びついて行われた教育活動は、民衆を動員しながらも、その自律性を認めるのではなく民衆を政府の管理下に置こうという姿勢を持っていた[25]。そのため逆にSINAMOSに対抗する運動が生まれ[26]、そして軍部内クーデター後のモラレス政権期にSINAMOSが解体されるとともに民衆運動が活発化した[27]。第1章でも触れたが、民衆運動とは、社会運動のうち都市周辺部の住民によるインフラ整備などの要求運動、自助組織、文化的活動などを指し[28]、民衆運動は民衆教育と深く結びついていた[29]。また、民衆教育の活動にはキリスト教青年労働者 (Juventud Obrera Cristiana: JOC) やカトリック全国学生連盟 (Unión Nacional de Estudiantes Católicos: UNEC) といったカトリック関連の団体も関与していた[30]。

　ペルーにおける民衆教育に関する議論の変化を考察したシメ (Sime 1991) によると、1970年代の民衆教育に関する議論においては、社会的・歴史的衝突を階級という観点から捉えることが中心となる一方、ジェンダーや民族、世代といった観点が限定的であった[31]。例えばペルーの民衆教育に関する出版活動の中心であったTAREAが1980年に主催した第二回民衆教育全国会議では、民衆教育の概念について、「我々は民衆教育をその階級的性格か

ら定義されるものであると考える。民衆教育は民衆運動の政治的利益を重視する方向性を持つ階級差別的な教育である」と捉え、民衆を政治的に意識化することを目指すとした[32]。このように民衆を一つの集団として捉え、彼らの政治的意識を、階級闘争という文脈の中で育てていくことが民衆教育であると考えられていた。

4. 民政移管後の市民社会の教育への関与

(1) 1980年代の教育への市民社会の関与の活発化

民政移管後に制定された1982年の総合教育法(法令第23384号)では、1972年の総合教育法のような政治的な意思表明はなく、教育の目的(第3条)は、被教育者が社会で行動できるようにするための総合的な教育、非識字の撲滅、ペルーの国民性・文化に関する知識と自信の獲得、民主主義の確立、進歩に不可欠な文化・人道主義・科学が高い水準であること、とされた。

1972年の総合教育法では、保護者や地域住民による地域の教育運営への参加が謳われたが、1982年総合教育法下では、学校に対する家庭や共同体の協力や支援の役割は限定的なものとなった[33]。その一方でモンテロ(Montero 2006)は、1982年総合教育法下では、国際機関や援助機関、NGOなどによって学校外も含めた様々な教育活動が活発に行われたと指摘する。この背景には、第一に、世界銀行や米州開発銀行のような国際機関や援助機関が、開発プロジェクトの受益者、すなわち貧困層の意見を取り入れることを重視するようになったことが挙げられる。第二に、都市部や農村部における社会運動と関連した同業組合や住民組織、そして特に民衆教育に関与するNGOが驚異的に成長したことがある[34]。次に取り上げる二つの事例は、いずれも住民運動と結びついた民衆教育の取り組みである。

(事例1) 民衆食堂での民衆教育[35]

ペルーの大衆居住区では、1970年代末から女性たちによる民衆食堂

（comedor popular）と呼ばれる組織が作られ始めた。民衆食堂は通常数十人のメンバーで構成され、共同で材料を購入し、共同で調理したものを安い値段でメンバーに提供する自助組織である。メンバーは調理、清掃などの仕事を交代で行う。1980年代、特に1987年末以降、経済状況の悪化につれて民衆食堂の数は増加し、1991年には5,329の民衆食堂がリマの人口の12%に当たる人々に食事を提供していたとされる。民衆食堂の活動は、安価な食事の提供に留まらず、講演、討論会、識字教育、映画などの形で、組織運営、保健、栄養、社会・政治、女性の問題、芸術など多様なテーマを取り上げる民衆教育も行われた。活動に参加する女性たちの中には読み書きのできない人も少なくなかったが、NGOや教会等の外部の支援団体が実施する識字教育を含め、上記のような様々な民衆教育の機会を得ることができた。民衆食堂はカトリック系NGOカリタスや地方自治体から食糧の援助を受けた。その一方で組織運営の自律性も重視された。自助組織自体が女性を家庭の外に出す働きを持つため、家庭に閉じこもりがちな低所得層の女性が家庭の外の社会と関わりを持つ助けとなった。このように民衆食堂のような自助組織には、経済的な利点のほかに、女性が組織化、組織運営、議論への参加、問題解決の経験を得る過程で、権利意識・政治的意識を向上させることにもつながった。

（事例2）女性たちによるラジオドラマ[36]

　リマの大衆居住区、サン・フアン・デ・ミラフローレス地区では、アンデス山岳地域から移住した女性たちのラジオドラマを通じた民衆教育プロジェクトが実施された。参加者の女性たちは小学校を卒業しておらず、読み書きをするのも困難だった。彼女たちは市場で小さな商売をして家計の足しにし、夫の稼ぎが少ない場合や夫が失業した際には、家計の中心を担った。

　参加者は自分たちと同様に地方から移住した女性たちが主人公のラジオドラマを制作した。ドラマの内容も参加者が話し合って決め、家政婦として働く女性と雇い主との間に生じた問題や、田舎に残した家族との関係、子ども

の父親が暴力を振るい、酒に酔って働かないことなど身近なテーマを取り上げ、雇用主や男性と女性の間に潜む支配関係を、従来あまり顧みられることのなかった女性の立場から明らかにした。制作を通して、参加者が自分たちの人生を見つめ直し、地域の女性たちと結束することで、自分たちの日常、そして人生や周囲の社会を変える社会的・政治的主体となることが目的とされた。教育の効果として、参加者が録音された自分の声を聴いて、話し方の改善に努めたり、先住民言語を母語とする彼女たちがスペイン語で間違いながらも表情豊かに話すことや、自分の体験を元に考え、男性が中心の集会など公の場でも発言する自信を得ることにつながった。

　上記のようなノンフォーマルの民衆教育は、実践の記録にまで至るものが非常に限られている。その中で記録に残る上記の取り組みがいずれも女性の活動であるのは、地域の活動の実質的な担い手としての女性の役割が小さくなかったことを示唆する。また、特に事例2に見られるように、アンデス出身の貧困層であることに加え、女性であることで二重に抑圧された人々をエンパワーするというジェンダーの観点が表れていることを示している。つまり1980年代の民衆教育でも草の根レベルの活動においては、経済的側面が前提とされながらも、学習者のアイデンティティに関わる視点も考慮されていたのである。

(2) 学校教育・教育政策への働きかけ
　民衆教育の活動に関わった関係者の中には、のちに教育政策形成に関与する人物もいる。彼らは民衆教育の経験を教育政策や学校教育に生かすことができると考えた。
　その一人であるマヌエル・イギニスは、1977年からTAREAの活動に関わり、トレド政権(2001〜2006年)下の2001年から2002年に教育副大臣も務めた。イギニスは学生時代、労働組合の活動に関与する中で、意識化など民衆教育の取り組みを行った。しかしその後イギニスは学校自体が社会的不平

等を再生産しないよう、学校から社会を変えることがより重要だと認識するようになり、教育政策の提案や政策形成に関与していった[37]。またイギニスは、民政移管後の1980年代に左翼小政党の連合組織である統一左翼(Izquierda Unida)の勢力が拡大したことで、地方政治における民衆の参加が活発になり、民衆教育の性質が変容したと指摘する。民衆の政治参加が高まることにより、民衆教育の活動は人々の居住地区で行われる活動から、地方政府に働きかける活動へと拡大するようになった。同時に、民衆教育の焦点も、階級の意識の向上や民衆の政治的・社会的運動による民主化の役割を重視することから、政府の民主化プロセスを評価することへと移り変わった[38]。1979年に制定された憲法において、非識字者にも選挙権が付与されたことも、イギニスが指摘する民衆教育と政治の変化につながったと考えられる。

フジモリ政権(1990～2000年)初期の1990年に教育大臣を務めたグロリア・ヘルフェルもまた教員として、教員組合や統一左翼の一員として民衆教育の活動に関わった経験を有していた。ヘルフェルらは、大衆居住区において民衆教育の対象となった労働者や行商人の子どもが通う公立学校こそが、彼らの権利意識や地域、社会への批判的意識を高める民衆教育の場になると考え、民衆教育の要素を独自に授業の中に取り入れた。例えば社会変革について、あからさまにイデオロギーを重視した内容にするのではなく、植民地時代に先住民の強制労働からの解放や地方行政官の圧政に対して反乱を起こしたトゥパック・アマル[39]を題材とし、子どもに発表させる授業を行った[40]。またいくつかの学校では、学校教育と保健、栄養に関するサービスの提供を結びつけたほか、学校が子どもに寄り添ったものとなるよう、学校運営の自律性の向上を目指したり、保護者と学校の連携を高める努力をした[41]。

なおイギニスやヘルフェルによると、ペルーの民衆教育において社会主義やマルクス主義は、社会や資本主義の分析という面では影響はあったものの、イデオロギーとしての影響はあまり強くなかった。むしろ統一左翼自体も、1983年のリマ市長選挙に勝利するなど、民主主義を尊重する姿勢を取っていた[42]。このように学校教育や教育政策に関与した民衆教育関係者の立場

からは、学校を通して社会をより民主主義的なものにすることや、学校が社会的不平等を再生産しないことが目指されていたことがわかる。

また民衆教育の活動や関連文献の出版の中心を担ったTAREAは、1980年代末から、社会を変えるために働きかける重要な領域として学校教育への関与に力を入れるようになった[43]。こうした流れの中で、民衆教育を担ったNGO等の市民社会の活動は、より一層、学校教育への関与や教育政策提案に移行していったと考えられる。

(3) 1990年代のフォロ・エドゥカティーボの設立

クエンカは、教育に関する市民社会からの提案に対して、1980年代は政府の反応がなかった時代、1990年代は提案が政府による反対を受けた時代であったと捉えた[44]。1990年に成立したフジモリ政権初期のウルタド内閣成立時には、左翼勢力との国内協調を示すため[45]、また独自の教育政策を持たなかったため[46]、野党統一左翼での政策立案に携わっていたヘルフェルを教育大臣とした。ウルタド内閣では、教育省が教育政策に関する議論の場を設けた。しかし1992年にフジモリは議会を閉鎖、憲法を停止し（自主クーデターとも言われる）、議論の結果が公表されることはなかった。またフジモリ政権期には、政府と世界銀行が接近し、教育省を中心に、世界銀行、ドイツ技術協力公社（GTZ）、ユネスコ・ラテンアメリカ・カリブ海地域事務所や国内のカトリカ大学等の協力の下、1993年にペルーの教育について分析した報告書『教育に関する総合的分析』（*Diagnóstico General de la Educación*）が出された。この報告書においてペルーの教育を変えるため、教材支給や教員養成・教授法の改善による教育の質の向上、資金・資源および機会の提供における不平等の縮小、行政の効率の向上の3点を骨子とした提案がなされた。これに基づき、世界銀行の援助を受けて、初等教育の質向上プログラム（Programa de Mejoramiento de la Calidad de la Educación Primaria: 以下MECEP）[47]が取り組まれた。上記の報告書やMECEPは、国内の都市部と農村部、公立学校と私立学校の教育状況の格差や異文化間二言語教育等にも言及した。し

かし、基本的に世界銀行等が他のラテンアメリカ各国で実施しようとしたものと同様の政策が提案されたことや、文化・社会・政治状況にはあまり触れず、行政や教授方法の改善が中心であったことから、新自由主義的、テクノクラティックだと評価された[48]。

一方で、憲法停止前に教育省の政策を作っていた一部のグループは、ウルタド内閣改造後に教育政策形成への関係者の参加が妨げられることを懸念した。このためグループ外の人物も集め、教育に関する専門家らが1992年に「ペルーが必要とする学校」(La escuela que el Perú necesita)というセミナーを開催し、のちに市民組織フォロ・エドゥカティーボ(教育フォーラム、Foro Educativo)を結成した。フォロ・エドゥカティーボの設立には、元教育大臣ヘルフェルなど、それまで民衆教育の分野に関わってきた専門家も参加した。フォロ・エドゥカティーボは、非営利・多様・独立を特徴とした組織であり、教育政策に対する意見の発信や、教育に関する会議の開催などを行っている。2013年の資料によると、総会に参加する会員は133名存在する[49]。

フォロ・エドゥカティーボは、世界銀行を中心としたテクノクラティックな分析に対して、より政治的で参加型の分析を目指した。そしてフォロ・エドゥカティーボは1997年に、教育に関する国民的合意に向けた中長期的な教育政策の行動指針を8点にまとめて提案した。それらは、①すべての人への質の高い基礎教育の提供、②教育予算の増加(GDPの5%)、③教職の刷新と再評価、④分権化、⑤高等教育改革、⑥情報・評価・認定制度構築、⑦教育省の役割の再定義および国家教育審議会の創設、⑧メディアと教育機関の協力的関与の8点である。こうした政策提案は、フジモリ政権退陣後の暫定政権以降に、政策形成の議論への市民社会からの参加という形で政策形成に影響を与えるようになる[50]。

なおフジモリ政権全般としては、1990年代前半に極度のインフレの進行を止め、テロリズムを鎮圧したことが評価される一方で、再選を一度に限り認めた1993年憲法を強引に解釈し、大統領に三選したことや、テロリズム鎮圧の過程で軍による人権侵害があったことなどが厳しく非難された。フジ

モリは2000年、側近で国家諜報局顧問であった人物による野党議員の買収工作ビデオの暴露を機に辞任した。

(4) 2003年総合教育法制定に向けた審議会への市民社会の参加

パニアグア暫定政権 (2000〜2001年) への政権交代後、市民社会の意見を政策に反映し、政権や大臣の交代に左右されない中長期的な教育政策を策定するため、教育に関する諮問会議として「開かれたドア」国家教育諮問会議 (Consulta Nacional por la Educación "Puertas Abiertas") が開かれた[51]。議長のイエズス会士リカルド・モラレスはフォロ・エドゥカティーボの初代代表を務めた人物であり、ベラスコ軍事政権下での教育改革にも携わっていた[52]。

続くトレド政権期には、まず複数の政党や労働組合、教会関係者などの参加により、2002年に国の全般的な政策方針である国民的合意 (Acuerdo Nacional) が示された。政策の目標には大きく分けて4本の柱 (民主主義と法治国家、公正と社会正義、国の競争力、効率的で透明性がある地方分権化された国家) があり、より詳細には29項目が設定された[53]。その中で教育に関する方針は12番目と16番目に示され、いずれも「公正と社会的正義」(Equidad y Justicia Social) の目標の中に位置付けられている。12番目の政策方針では、無償で質の高い公教育への普遍的なアクセスおよび文化とスポーツの振興と保護が示されている。また、16番目の政策方針では、家族の機能の強化、青少年の保護と育成が示されている。

教育政策に関して特に詳細な記述がある12番目の政策方針は全14項目からなる[54]。特に注目されるのが、「私立・公立、農村部・都市部の教育の質の格差をなくし、機会の公正を促進する」、「都市周辺部や農村部の現実に対応する政策設計に投資し、非識字を撲滅する」、「二言語教育を促進、保証する」、といった項目である。ここでは、社会における公正性の確保、とりわけ農村部の住民や先住民の存在が重視されている。この背景には、労働力の質を高めなければならないという経済上の必要性のほかに、1980年代以降のセンデロ・ルミノソをはじめとする組織によるテロリズムへの反省があっ

たと考えられる。センデロ・ルミノソは毛沢東主義を掲げ、農村社会への回帰を目指し、農村部で警察署や政府機関を襲って公権力を追放し、自給自足体制を強要するとともに、それに従わない農村を攻撃した。犠牲者は、こうしたテロリストによる攻撃のみならず、センデロ・ルミノソがいるとされる農村に投入された政府軍による無差別の攻撃によってももたらされた。真実和解委員会 (Comisión de la Verdad y Reconciliación: CVR) が2003年に政府に提出した報告書によると、1980年代から2000年の間における行方不明者を加味した推計犠牲者数は69,280名であり、被害者の多くは農村部に住む先住民であった。このような暴力の時代の根本には、植民地支配の歴史から、スペイン語を話し都市部に住む白人層や富裕層などと、ケチュア語など先住民言語を話し農村部に住む先住民や貧困層との間の社会的分断があるとも指摘されている[55]。これと関連して、真実和解委員会の報告では、被害の深刻だった農村部の学校設備の改善や、教員が農村部・遠隔地での勤務を選択するようインセンティブを与えたり褒賞したりするような制度の構築、民族や文化の違いを尊重する教育の促進などによる、貧困地域における公教育の抜本的な改革の必要性が指摘されている[56]。

　2003年総合教育法制定への準備は2001年に本格化する。2001年に共和国議会の教育・科学・科学技術委員会 (Comisión de Educación, Ciencia y Tecnología del Congreso) は「教育：国家の賭け、あなたの意思が法律になる (Educación: Apuesta nacional. Tu voluntad se hace ley)」という諮問の機会を設け、2年にわたってアンケートや全国各地での集会を行い、国民の意見を集めることを試みた[57]。当時の教育・科学・科学技術委員会委員長であったヘルフェルは、新たな総合教育法の制定に関して、1982年に制定された総合教育法は教育のさらなる普及を目的としていた時代のものであり、学校、政府や、教員の役割について現在とは異なる概念を持っていることから新たな法律が必要であること、そしてそれは現在社会が直面する不平等や差別といった問題に立ち向かうものでなければならないという認識を示した[58]。

5. 2003年総合教育法への民衆教育の影響とペルー社会の変化

(1) 2003年総合教育法に見られる民衆教育の影響

　2003年総合教育法（Ley General de Educación、法令第28044号）では、教育における公正性や関係者の参加、学習者の経験や生活状況、地域の状況に応じた柔軟な教育の提供が目指された。教育の目的（第9条）として、民主主義的で、団結し、公正で、統合的かつ、繁栄し、寛容で、平和的文化を促進する社会の形成に貢献すること、文化、民族、言語的多様性を国のアイデンティティとして肯定し、貧困を乗り越えることを目指すことが示された。ヘルフェルは、同法において、貧困層に焦点が当てられるようになったのには民衆教育からの影響があると指摘する。同法下では、貧困層や農村部の住民との格差、セルバ（アマゾン地域）における貧困、教育格差の問題など、それまで政策的に重視されてこなかった人々に焦点が当てられるようになった[59]。

　かつて民衆教育として取り組まれた成人教育やノンフォーマルの教育活動は、代替的基礎教育（Educación Básica Alternativa）や、第4章で取り上げる共同体教育（Educación Comunitaria）に受け継がれた。代替的基礎教育は、当初は9歳以上の働く子どもやストリートチルドレン、移民や農業の手伝いをする子どもなども含め、子どもから大人まで多様な年齢層の、何らかの理由で教育制度や現在の経済、社会、政治モデルから排除された人々に教育機会を提供することを特徴とし、2012年に対象年齢が14歳以上に引き上げられた。代替的基礎教育の学習形態としては、大きく分けて、夜間学校や週末の通学による出席型（presencial）と、学習者の事情に応じて定期的に通学する半出席型（semi-presencial）、遠隔型（a distancia）の3形態がある。生活状況、文化的多様性、居住地域等に柔軟性を持たせることで、学習者のニーズに応じたプログラムの提供が目指されている。さらに共同体教育という領域が設けられ、主に学校教育制度の範囲外にあり、共同体や市民社会によって担われる先住民の文化・知の継承、ジェンダーに関する教育、環境教育等の教育・学習活動が扱われるようになった（第4章参照）。

市民社会の参加との関連では、2003年総合教育法第81条において、中長期的な教育政策である国家教育計画（Proyecto Educativo Nacional）[60]の形成などに関与する教育省の諮問機関として、国家教育審議会（Consejo Nacional de Educación）が位置付けられた。初代議長には、フォロ・エドゥカティーボの初代代表を務め、パニアグア暫定政権下の「開かれたドア」国家教育諮問会議の議長であったリカルド・モラレスが就任するとともに、「開かれたドア」国家教育諮問会議の少なくとも3分の1のメンバーが国家教育審議会に統合されたが、彼らのほぼすべてがフォロ・エドゥカティーボのメンバーでもあった[61]。2000年代以降、以上のように、フォロ・エドゥカティーボのメンバーを中心として、民間の教育関係者・研究者や団体が積極的に教育政策形成に関与してきた。2005年から2008年まで国家教育審議会議長を務めたパトリシア・サラスのように国家教育審議会議長経験者が教育大臣（2011～2013年）として登用されるケースも見られ、国家教育審議会の方針は教育政策の基本方針として維持されている。なお、フォロ・エドゥカティーボ代表の経験もあるクエンカによると、フォロ・エドゥカティーボも1990年代ほどの勢力はなくなっているという[62]。ただしこれは、かつてフォロ・エドゥカティーボで活動していたメンバーが国家教育審議会のメンバーになるなど、政策分析や政策提案の中心になっていったことも要因であると考えられる。

(2) ペルー社会の変化と民衆教育

　最後にペルーの社会の変化を受けた、民衆や民衆教育の現状について述べたい。クエンカは、現在ではペルーの経済成長、所得の向上により、かつて民衆教育を担った市民社会への外国からの資金援助も少なくなり、また市民社会自体が代替案を提案できなくなってきたと指摘する。他方、市民社会の従来の提案が教育省に政策として取り入れられるようになったこともあり、市民社会の領域も非常に縮小している。また普通基礎教育や成人教育を含む代替的基礎教育といった基礎教育分野への教育省の関与も相当拡大したため、現在では民衆教育と呼ばれるような実践はほとんど消滅しているとする[63]。

事実、ペルー社会、とりわけ都市部はこの20年余りで、テロに脅かされる国からショッピングモールでの消費を謳歌する国へと、大きく変容した。参考までにペルーの一人当たり名目GDP (Gross Domestic Product：国内総生産) を見てみると、1990年は1,210ドル、2000年は1,996ドル、2010年は5,022ドル、2016年は6,045ドルと、1990年から2016年の間に約5倍となっている[64]。

またヘルフェルは、かつて民衆教育の活動が行われた大衆居住区の人々の間には、自分たちはもはや、貧しいというニュアンスが感じられる民衆 (popular) ではなく、中間層になりつつある、という意識があるのではないかと述べた。さらに私立学校に子どもを通わせることが一種のステータスとして、中間層や自身を中間層と意識する人々の間に広まっているとも指摘した[65]。

フジモリ政権期の1996年に制定された教育投資促進法 (Ley de Promoción de la Inversión en la Educación、委任立法令 (Decreto Legislativo) 第882号) によって学校設立の規制緩和が行われ[66]、リマ首都圏では1998年から2008年の10年間には2,662校の私立学校が新設され、私立学校就学者数は54.7％増加した。これとは対照的に、1998年から2008年の10年間に公立学校就学者数は10％減少した[67]。2016年には、リマ首都圏における普通基礎教育の就学者のうち、公立学校就学者が全体の51.7％、私立学校就学者が48.3％を占めている[68]。

このように市民社会からの提案が2000年代以降教育政策に取り入れられた一方で、都市部を中心に私立学校が隆盛している。子どもを私立学校に通わせられるかどうかは保護者の資金力に依るところが大きく、学校が社会的不平等を再生産することが改めて危惧される事態となっている。

6. おわりに

ペルーの民衆教育の根底には、1920年代から1930年代のインディヘニスモや労働運動の流れがあり、フレイレの教育思想の影響を受けて特に1970

第3章　ペルーにおける民衆教育と教育政策、市民社会　91

年代以降活発化した。民衆教育と思想的な親和性を持つ1972年の総合教育法では、低開発と従属という国の状況を打開し、社会構造を変革するため、国民の意識化を伴う教育改革が目指された。この教育改革は十分に実行されないまま終了した一方で、民衆教育に関与した教育関係者の中から、教育政策や学校教育を通じて社会における民主化や社会的公正、権利意識の向上を推進する動きが見られるようになった。こうした在野の教育関係者らが1990年代以降教育政策の提案を行い、2000年代に入ると、民衆教育で重視された市民社会の参加や、学習者中心で地域の事情に根ざした教育を目指すといった要素は、教育政策の中に取り入れられるようになった。次章では、民衆教育のテーマの広がりという点で、ペルーの共同体教育政策関係者から指摘された限界について検討する。

注

1　本章第4節、第5節のフォロ・エドゥカティーボの設立、2003年総合教育法制定過程およびその内容は、工藤瞳「ペルーにおける2003年総合教育法の制定経緯と意義」『京都大学大学院教育学研究科紀要』第57号、2011a、pp.627-639を大幅に加筆、修正したものである。
2　IPEBA (Instituto Peruano de Evaluación, Acreditación y Certificación de la Calidad de la Educación Básica). *Educación a lo largo de la vida: medios de articulación en el sistema educativo peruano.* Lima: IPEBA, 2011, p.47.
3　インディヘニスモ自体はラテンアメリカの中でも先住民人口の多いメキシコやペルーをはじめ各地で見られる。その初期の担い手は、植民地時代のインディオの搾取を告発したバルトロメ・デ・ラス・カサスらの教会関係者にまでさかのぼる。ファーブル、アンリ著、染田秀藤訳『インディヘニスモ：ラテンアメリカ先住民擁護運動の歴史』白水社文庫クセジュ、2002に詳しい。
4　Sime, Luis. "Introducción" en Sime, Luis (compilador). *Aportes para una historia de la educación popular en el Perú.* Lima: Tarea, 1990, p.12; Chiroque, Sigfredo y Denis Sulmont. "Educación popular en debate."(Original: 1985) en Sime, Luis (compilador). 1990, *op.cit.*, pp.75-80.
5　Puiggrós, Adriana. *La educación popular en América Latina: orígenes, polémicas y perspectivas (Segunda edición).* México D.F.: Editorial Nueva Imagen, 1988, pp.96-97; Comisión de Educación de Izquierda Unida. "Historia de la educación: lucha por la hegemonía cultural y política en el Perú." en Sime, Luis (compilador). 1990,

op.cit., pp.105-107; Castro, Augusto. *Reconstruir y educar: tareas de la nación, 1885-1905 (Colección Pensamiento Educativo Peruano Vol. 7).* Lima: Derrama Magisterial, 2013; Castro, Augusto. *Una educación para re-crear el país, 1905-1930 (Colección Pensamiento Educativo Peruano Vol. 8).* Lima: Derrama Magisterial, 2013.

6 イリゴージェン大統領がコルドバ大学に監督官を派遣したことから、学生たちが政府は大学の自治に干渉したとして激しく抵抗した。この大学改革学生運動は、大学教育の内容や改善を求めるものではなく、学生の代表による大学の管理運営への参加を求めるものであり、他のラテンアメリカ諸国にも広がった。この運動はさらに進んで、自由な政治的見解の表明や政治批判を行うようになり、労働組合運動やイデオロギー思想運動とつながって実践行動にまで発展したケースもあり、ペルーのアプラはその一例であった（皆川卓三『ラテンアメリカ教育史Ⅱ（世界教育史大系 20）』講談社、1976、pp.61-63)。

7 アプラは①反ヤンキー帝国主義、②ラテンアメリカの政治統一、③土地と産業の国有化、④パナマ運河の国際化、⑤全世界の被抑圧民族および階級との連帯をその五大綱領とした。1930 年以降ペルー・アプラ党（Partido Aprista Peruano: PAP）として政党化するも、軍との対立により中断を挟みながら長期にわたって非合法化された。のちに合法化され、1985 年および 2006 年に同党のアラン・ガルシアが大統領の座に就いた（遅野井茂雄「アプラ」大貫良夫ほか監修『新版　ラテンアメリカを知る事典』平凡社、2013a、pp.31-32)。

8 高橋均「アプラとマリアテギ：1920 年代のペルー急進主義」細谷広美編著『ペルーを知るための 66 章』（第 2 版）明石書店、2012、pp.137-141；Chiroque, Sigfredo y Denis Sulmont. 1990, *op.cit.*, pp.77-78。

9 小倉英敬『アンデスからの暁光：マリアテギ論集』現代企画室、2002、pp.100-127、辻豊治「マリアテギ思想の先駆性と可能性：ホセ・カルロス・マリアテギ」今井圭子編『ラテンアメリカ：開発の思想』日本経済評論社、2004、pp.96-100。

10 マリアテギはこの他にも、1821 年の独立後の共和国の教育政策においても、植民地時代と同様に先住民が劣等人種として扱われていること、先住民の非識字の問題が放置されていることを指摘している。その理由として、教育予算の不足により学校が普及せず、小学校教員の養成もままならないこと、教員の身分が不安定であることを挙げた（マリアテギ、ホセ・カルロス著、原田金一郎訳『ペルーの現実解釈のための七試論』柘植書房、1988、pp.83-128)。

11 Jara, Oscar. "Aproximaciones a un balance de la educación popular en el Perú."(Original: 1980) en Sime, Luis (compilador). 1990, *op.cit.*, pp.20-22.

12 Chiroque, Sigfredo y Denis Sulmont. 1990, *op.cit.*, p.78.

13 *Ibid.*, pp.80-84. SENATI の正式名称と設立年は引用文献を修正し、1961 年の

法令第 13771 号に従った。また、アプラ党は 1945 年から 1948 年の民主主義の時期に一時合法化された。

14 　増田義郎・柳田利夫『ペルー　太平洋とアンデスの国：近代史と日系社会』中央公論新社、1999、pp.205-206、遅野井茂雄「ペルー革命：軍による改革で変わる社会」細谷広美編著、2012、前掲書、p.161。

15 　Oliart, Patricia. *Educar en tiempos de cambio, 1968-1975 (Colección Pensamiento Educativo Peruano Vol.13)*. Lima: Derrama Magisterial, 2013, p.8.

16 　サラサール・ボンディを中心とした教育改革では、資本主義をペルーの貧困と他国への従属の原因として批判したものの、マルクス主義ではなく、人道主義的な社会主義を目指していた（Solís Acosta, Luis. "El pensamiento pedagógico de Augusto Salazar Bondy: una reflexión." en Mendo Romero, José Virgilio (compilador). *Desde nuestras raíces: maestros del Perú para la educación del futuro*. Lima: Fondo Editorial del Pedagógico San Marcos, 2009, pp.197-199)。

17 　大串和雄『軍と革命：ペルー軍事政権の研究』東京大学出版会、1993、p.162。雑誌 *Oiga*（1971 年 7 月 23 日号、p.40）からの引用による。サラサール・ボンディ、イリッチ、フレイレの交流は、フレイレ、パウロ著、里見実訳『希望の教育学』太郎次郎社、2001、pp.266-267 においても言及されている。

18 　Universidad Nacional Mayor de San Marcos. Oficina General del Sistema de Bibliotecas y Biblioteca Central. Augusto Salazar Bondy. Album fotográfico. Comisión de la Reforma de la Educación. (http://sisbib.unmsm.edu.pe/Exposiciones/Salazar_bondy/alb_foto/fotografia_indice.htm、2017 年 8 月 30 日確認)

19 　伝統的でエリート主義的な従来の学校制度が各学校の孤立を招いているという批判の下に設けられた地域教育クラスター（Núcleo Educativo Comunal: NEC）という制度は、地域の異なるタイプの学校をまとめて、複数の学校と地域の連携を図るものであった。各 NEC はそのトップに助言をする地域教育委員会（Consejo Educativo Comunal: CONSECOM）を設け、そこには教員、保護者、地域の代表者が参加することとされた。しかし地域教育委員会は、エリートによる実権の掌握、政党の排除、保護者や NEC 代表者の無関心、地域レベルでの参加を実現するための国の戦略の欠如、資金や決定権の欠如、さらに教育改革全体に対する教員の抵抗などによりほとんど機能しなかった（工藤瞳「ペルーにおける教育の地方分権化の過程と課題」『京都大学大学院教育学研究科紀要』第 58 号、2012、p.145；Iguiñiz Echeverría, Manuel y Daniel del Castillo Carrasco. *Materiales para pensar la descentralización educativa*. Lima: Tarea, 1995, pp.36-38; McGinn, Noel and Susan Street. "Educational Decentralization: Weak State or Strong State?" *Comparative Education Review*. Vol.30, No.4, 1986,

pp.477-480)。
20 1975年には先住民言語ケチュア語が公用語化された（法令第21156号）。
Trapnell, Lucy y Virginia Zavala. *Dilemas educativos ante la diversidad, siglos XX-XXI (Colección Pensamiento Educativo Peruano Vol.14)*. Lima: Derrama Magisterial, 2013, pp.37-39.
21 斉藤泰雄「ペルー教育の現状と課題」『ペルー国別援助研究会報告書』国際協力事業団、1998、pp.117-118、Palomino, Eduardo. *Educación peruana: historia, análisis y propuestas*. Lima: Pro Educación, 1993, p.77、大串和雄、1993、前掲書、p.283。
22 増田義郎・柳田利夫、1999、前掲書、p.202。
23 Tovar, Teresa. *Reforma de la educación: balance y perspectivas*. Lima: DESCO, 1985, p.26, p.29.
24 政府はSINAMOSに数千人の活動家を動員し、改革部門の労働者を基盤に「十分な参加を伴う社会的民主主義」を構築しようとした。SINAMOS解体後は、部門別組織は自立した運動体へと転化した（遅野井茂雄、2012、前掲書、pp.164-165）。SINAMOSについては大串和雄、1993、前掲書、pp.166-170に詳しい。
25 Chiroque, Sigfredo y Denis Sulmont. 1990, *op.cit.*, p. 86.
26 Sime, Luis. *Los discursos de la educación popular: ensayo crítico y memorias*. Lima: Tarea, 1991, p.145.
27 Chiroque, Sigfredo y Denis Sulmont. 1990, *op.cit.*, p. 89.
28 大串和雄『ラテンアメリカの新しい風：社会運動と左翼思想』同文舘出版、1995、pp.29-34。
29 Jara, Oscar. 1990, *op.cit.*, pp.26-27; Chiroque, Sigfredo y Denis Sulmont. 1990, *op.cit.*, pp.87-89.
30 CELADEC (Comisión Evangélica Latinoamericana de Educación Cristiana). "Elementos para una sistematización de la educación popular en el Perú."(Original: 1980) en Sime, Luis (compilador). 1990, *op.cit.*, pp.35-36.
31 Sime, Luis. 1991, *op.cit.*, p.21, pp.51-52.
32 *Ibid.*, p.186 ("Documento Nº4 La experiencia de Tarea. II Encuentro Nacional de Educación Popular. Abril, 1980.").
33 1972年の教育法で定められた地域教育クラスター（NEC）は、1980年代になると教育サービス部（Unidades de Servicios Educativos: USE）に名称変更され、監督機関へと変化したものの、その過程で中央集権的な教育行政の機能は変わることはなかった（Muñoz, Fanni., Ricardo Cuenca y Patricia Andrade. *Descentralización de la educación y municipalidades: una mirada a lo actuado*. Lima:

Foro Educativo, 2007, pp.24-26）。
34　Montero, Carmen. "Prólogo." en Montero, Carmen ed. *Escuela y participación en el Perú: temas y dilemas*. Lima: IEP, 2006, pp.17-18.
35　大串和雄、1995、前掲書、p.32、pp.58-65、Schönwälder, Gerd. *Linking Civil Society and the State: Urban Popular Movements, the Left, and Local Government in Peru, 1980-1992*. University Park: Pennsylvania State University Press, 2002, pp.74-78。民衆食堂の数については、大串（1995、p.32）で引用された Béjar, Héctor. "La organización popular y el rol de las ONGDs: una aproximación." *Socialismo y Participación*. No.63, 1993, pp.39-57 参照。なお、2014年までには民衆食堂の数は極めて少なくなったとの指摘もある（2014年12月4日ペルー、リマ郊外ワンパニで行われた2014年第2回共同体教育全国会議の際の参加者との会話を記したフィールドノートより）。
36　Alfaro Moreno, Rosa María. *De la conquista de la ciudad a la apropiación de la palabra: una experiencia de educación popular y comunicativa con mujeres*. Lima: Tarea, 1987（特に p.209, p.230, pp.241-249）．
37　2015年9月29日リマ市内でのマヌエル・イギニス（Manuel Iguiñiz）氏へのインタビューによる。
38　Iguiñiz Echeverría, Manuel. "Descentralización educativa: una apuesta de TAREA." *TAREA*. N°85, 2014, pp.66-67.
39　友枝啓泰「トゥパック・アマルー」大貫良夫ほか監修、2013、前掲書、p.252。
40　その際、民衆教育的な授業を行っていると評判を聞きつけ、共産主義的な教育内容が含まれるのではないかと教育大臣の部下も授業見学に訪れた。
41　2015年9月29日リマ市内でのグロリア・ヘルフェル（Gloria Helfer）氏へのインタビューおよび彼女が関わった活動に関する資料（Movimiento Pedagógico José Antonio Encinas. *Educando también estamos luchando*. Lima: CIDE: Tarea, 1987）による。
42　2015年9月29日リマ市内でのマヌエル・イギニス氏およびグロリア・ヘルフェル氏へのインタビューによる。
43　Céspedes, Nélida. "Tarea revista de educación y cultura." *TAREA*. N°50, 2001, p.44.
44　Cuenca, Ricardo. *Cambio, continuidad y búsqueda de consenso, 1980-2011 (Colección Pensamiento Educativo Peruano Vol.15)*. Lima: Derrama Magisterial, 2013, p.44.
45　村上勇介『フジモリ時代のペルー：救世主を求める人々、制度化しない政治』平凡社、2004、p.177。
46　2015年9月29日リマ市内でのグロリア・ヘルフェル氏へのインタビューによる。
47　教育省は MECEP において、新教育学アプローチ（Nuevo Enfoque Pedagógico）

を通じて、権威主義的で垂直的な生徒と教員の関係に特徴付けられるペルーの学校教育の変化を目指した。端的に表すと、これは生徒が学習過程において主体性を発揮し、生徒・教員間の関係がより水平的で肯定的なものにすることであり、これによって教員の役割は、生徒の既存の知識や様々な学習方法、反省的・メタ認知的な学習や質的評価を考慮して学習活動を計画し、学習の推進者（ファシリテーター）となることとされた。そして生徒は、学習主体としてより活発な役割を求められ、研究プロジェクトやグループ学習、対話や議論から自己学習能力を高めることが求められた。ただしこれは民衆教育に影響を受けたというよりは、ピアジェやヴィゴツキー、オーズベル、ブルーナー、ガードナー等の影響を受けてのことであった（Eguren, Mariana. "Educación y participación: enfoques y prácticas promovidos desde el Estado, la sociedad civil y las escuelas." en Montero, Carmen ed. 2006, *op.cit.*, pp.67-68）。

48 Oliart, Patricia. *Políticas educativas y la cultura del sistema escolar en el Perú.* Lima: IEP: TAREA, 2011, pp.65-74; Cuenca, Ricardo. 2013, *op.cit.*, p.26, p.30, pp.33-34.

49 2014年11月10日リマ市内でのリカルド・クエンカ（Ricardo Cuenca）氏へのインタビュー時のフィールドノートおよび Cuenca, Ricardo. 2013, *op.cit.*, pp.25-38, pp.44-50; Iguíñiz Echeverría, Manuel. *Política educativa y democracia en el Perú.* Lima: Fondo Editorial de la Facultad de Ciencias Sociales, UNMSM: Tarea, 2005, p.67; Iguíñiz Echeverría, Manuel. *Foro Educativo y el sistema educativo peruano (Encuentro Internacional de Educación: Prefectura del Municipios de Osasco-San Pablo).* n.d. (http://www.foroeducativo.org/index.php/welcome/documentos、2010年11月17日確認), pp.1-2. フォロ・エドゥカティーボの会員数は Cuenca, Ricardo. 2013, *op.cit.*, p.36 による。

50 Iguíñiz Echeverría, Manuel. 2005, *op.cit.*, pp.68-69.

51 Cuenca, Ricardo. 2013, *op.cit.*, pp.47-48; Iguíñiz Echeverría, Manuel. 2005, *op.cit.*, p.74.

52 Oliart, Patricia. 2013, *op.cit.*, p.34.

53 国民的合意の実効性に関しては疑問が持たれた（村上勇介、2004、前掲書、pp.509-510）が、本章では2003年の総合教育法への方向性の連続性を捉えるために取り上げる。国民的合意の項目数はその後増加し、2017年8月時点で35項目ある (Acuerdo Nacional. Políticas de estado. (http://acuerdonacional.pe/politicas-de-estado-del-acuerdo-nacional/politicas-de-estado%E2%80%8B/politicas-de-estado-castellano/、2017年8月31日確認)。

54 政府が（a）就学前教育を保障する、（b）私立・公立、農村部・都市部の教育の質の格差をなくし、機会の公正を促進する、（c）教職の強化と再評価を促進

する、(d) 意見と信条の自由を尊重しながら、質が高く、優れた、子どもたちに合った基礎教育を強化する、(e) 科学教育を深化させ、新たな科学技術の利用を広げる、(f) 高等教育の質を向上させる、(g) 教育制度における保証・評価のメカニズムを作る、(h) 都市周辺部や農村部の現実に対応する政策設計に投資し、非識字を撲滅する、(i) 教育予算を保証する、(j) 学校における体育、芸術教育を回復し、幼年期からのスポーツを振興する、(k) 共同体が参加しながら、教育への評価や社会による監視をする文化を促進する、(l) 青年や成人への教育および国の必要に応じた職業教育を振興する、(m) 麻薬中毒、集団での違法行為、学校での暴力行為を予防する文化を促進する、(n) 二言語教育を促進、保証する。

55　細谷広美「歴史とポストコロニアル：ペルー、ウチュラハイ村事件と先住民族のテロ経験」遅野井茂雄・村上勇介編『JCAS 連携研究成果報告 7：現代ペルーの社会変動』国立民族学博物館　地域研究企画交流センター、2005、pp.53-89 ほか。

56　Rivero, José. *Educación, docencia y clase política en el Perú.* Lima: Tarea, 2007, pp.82-83; CVR (Comisión de la Verdad y Reconciliación). *Informe Final.* Tomo IX, Lima: CVR, 2003, pp.133-138.

57　Iguiñiz Echeverría, Manuel. 2005, *op.cit.*, p.92.

58　2002 年 3 月 17 日の日刊紙 *La república* の付録紙 *La gaceta* 掲載のインタビューが共和国議会ウェブサイト内に転載されたものによる。(http://www.congreso.gob.pe/congresista/2001/ghelfer/notas/entrevistahelfer01.htm、2017 年 8 月 31 日確認)

59　2015 年 9 月 29 日リマ市内でのグロリア・ヘルフェル氏へのインタビューによる。

60　2007 年に国家教育審議会が発表した国家教育計画では、2021 年までの教育のねらいを発表するとともに、6 項目の目標を示し、項目の下にさらに詳細な規定を設けた。ここでの 6 項目の目標は、①すべての人への同等の質の教育機会・結果、②適切で質の高い学習を達成する生徒と教育機関、③能力を十分に身に付けた教員による専門性の発揮、④学業成績を向上させ、分権化され民主的かつ公正に資金調達がなされた管理運営、⑤国の発展と競争力の原動力となる質の高い高等教育、⑥市民を教育し、市民が共同体に参加する社会、である。

61　Consejo Nacional de Educación. *Consejo Nacional de Educación: balance y perspectivas 2002-2008.* Lima: Consejo Nacional de Educación, 2008, p.13.
　　国家教育審議会は 1982 年総合教育法にも規定があったが、20 年間設置されず、2002 年トレド政権期に大統領令 (Decreto Supremo) によって創設された。

62　2014 年 11 月 10 日リマ市内におけるリカルド・クエンカ氏へのインタビュー

時のフィールドノートによる。
63 2014年11月10日リマ市内でのインタビュー時のフィールドノートおよび Cuenca, Ricardo. 2013, *op.cit.*, pp.25-27, p.37, pp.44-50 参照。
64 World Bank. *Data Bank. World Development Indicators.*（http://databank.worldbank.org/data/reports.aspx?source=world-development-indicators、2017年8月27日確認）
65 2015年9月29日リマ市内でのグロリア・ヘルフェル氏へのインタビューによる。
66 教育投資促進法は、営利目的も含めた私立学校の設立を認めた。これにより、車庫や小屋を利用した学校も設立されるようになり、また多くの大学により付属校が設立された（Galdo Gutiérrez, Virgilio. *Visión histórica de la educación peruana (etapa republicana).* Lima: Fondo Editorial de la Asamblea Nacional de Rectores, 2012, p.109）。
67 Iguiñiz, Manuel y Arturo Miranda. *La educación de los ciudadanos: política educativa en Lima Metropolitana.* Lima: Tarea, 2011, pp.135-137.
68 ESCALE. Magnitudes de la Educación.（http://escale.minedu.gob.pe/magnitudes、2017年8月1日確認）より、リマ郡とカヤオ憲法郡の就学者数の合計から算出した。

第4章　ペルーの共同体教育政策から見る民衆教育の限界

1．はじめに

　第4章では、本研究の分析の第一の視点である、民衆教育の変容と現状の多面的理解のために設定した民衆教育の現状に関する三つの立場のうち、民衆教育の限界を指摘する限界論者を取り上げる。

　第2章で取り上げたCEAALによると、1990年代以降の民衆教育は、「社会を変える」という変わらない目的を持ちながら、政治経済的状況における抑圧という文脈を超え、先住民、ジェンダー等、より個別的な領域における差異や不平等に着目するようになったとされる。ペルーにおいてこのような拡張した民衆教育と重複する部分を多く持つのが、2003年総合教育法（法令第28044号）で設けられた共同体教育（Educación Comunitaria）という領域である。本章の内容を先取りするならば、共同体教育関係者は「民衆教育から受け継ぐ思想・活動はあるが、それらは民衆教育とは別のものである」とする立場を取り、民衆教育の限界を指摘する。本書ではこの立場を限界論者と捉える。本章では、そのような見解の相違の焦点となる「民衆」という言葉の政治的含意および先住民文化の捉え方に着目する。本論で触れていくことだが、共同体教育政策の背景にある思想は、既存の学校教育や民衆教育とのつながりを持ちながらも、これらに対して批判的な立場を取る。これは、共同体教育において強調される先住民の文化や彼らが生きる環境の生物多様性、そしてその世界観が、近代化・西洋化された社会とは異なるためである。思

想的な違いを詳細に見ていくことで、民衆教育に関してどのような限界が見出されたのかを明らかにすることができる。

本章で用いる情報は、関連文献、2014年12月4、5日にペルーのリマ郊外ワンパニで行われた2014年第2回共同体教育全国会議の内容、関係者へのインタビューおよびメールでの質問に対する回答から得られたものである。なお、2015年の教育省内組織改編により、共同体教育政策の方向性には変化があるが、本章では2014年までの議論を中心に考察する。

以下、第2節では共同体教育の背景、第3節では共同体教育の事例、第4節で共同体教育政策、第5節で共同体教育の思想、第6節で共同体教育の課題について述べた上で、民衆教育との相違、民衆教育について指摘された限界を明らかにする。

2. 共同体教育の背景

教育省の共同体・環境教育局は、共同体教育の歴史について、民衆教育との関連性を指摘した。これによると、共同体教育の始まりは19世紀末および20世紀初頭における手工業者の労働組合のサークルにおいて、「民衆 (pueblo)」や、出現し始めた労働者階級に「教育する」ため、政治や労働の権利に関する講義や集会が開かれたことに求められる。またこうした事例の古いものとして、第1章、第3章で言及した1920年代のゴンサレス・プラダ民衆大学での教育や、大都市周辺部で教育機会を得られなかった人々への教育要求を満たすための活動などがあった。そして特に1960年代以降に学校外での教育活動が見られるようになり、1980年代には数多くの社会組織、労働組合、政党、民衆図書館、そしてとりわけNGOが教育活動を行うようになった。これらは社会を変えるための教育、すなわち民衆教育として知られるようになった。こうした活動には、現在ではNGOに限らず、地方自治体や省庁（保健省、女性・社会的弱者省、農業省）も関与している。そして上記のような社会組織によって行われる教育活動を承認し、教育水準を向上させ、

市民権の行使や人間開発の促進のための共同体の活動への社会的認識を高めるため、2003年総合教育法が施行された。2005年には共同体教育規則（大統領令013-2005-ED）に共同体教育を担当する組織の設置が定められ、2006年に共同体・環境教育局が設置された（大統領令006-2006-ED）[1]。しかし2015年、教育省内の組織改編に伴い、共同体・環境教育局は解体され、共同体教育に関する部署は代替的基礎教育・異文化間二言語教育・農村地域教育局（Dirección General de Educación Básica Alternativa, Intercultural Bilingüe y de Servicios Educativos en el Ámbito Rural）内へと移動した。

　教育省の共同体教育担当職員によると、民衆教育はペルーではフアン・ベラスコ将軍による軍事クーデターが起きた1968年から1980年代までに広く使われた言葉だった。しかし1990年代のフジモリ政権期（1990 ～ 2000年）は民衆（popular）といった言葉の使用は抑制されていた[2]。その背景には、まずベラスコ政権期（1968 ～ 1975年）から1980年代までの民衆という用語に、政治的に左派であるという意味合いが含まれていることがある。フジモリ政権は経済政策において自由化・民営化路線を取った右派であり、また左派政党が基盤としたような社会組織を介さずに選挙を通じて個々人と直接つながることを重視し、民衆を対象とした組織化された活動を敵視した。加えて、毛沢東主義を掲げる反政府武装集団センデロ・ルミノソ（第3章参照）が左翼政党連合の統一左翼（Izquierda Unida）の基盤であった民衆組織の指導者を殺害したほか、治安当局によるテロ対策が、民衆組織の活動を破壊していったことが指摘されている[3]。

　その後、2003年の総合教育法によって共同体教育の分野が作られたことが転機となった。教育省の共同体教育担当職員によると、共同体教育と民衆教育との違いは、民衆教育が労働組合などの組織などを重視していたのに対し、共同体教育では「共同体」という側面が重視され、例えば国が成立する以前から存在した先住民共同体の文化や地元の人たちの「知」を重視するものとなっていることである[4]。共同体教育は、教育方法や活動としては民衆教育と共通する部分があっても、政治的主張を重視しないものや、太古の昔

から存在した先住民共同体における知の伝承などの幅広い教育形態を含み込むため、民衆という言葉を用いなかったのである。政策の内容は後述する。

3. 共同体教育の事例

次に、具体的な実践例として2014年第2回共同体教育全国会議で紹介されていたいくつかの事例について述べる。

①CHASKAというNGOの取り組み。地方(主に北部アンデス地方のカハマルカ)からリマ州に移住し、農業に従事する人々への教育を提供する。作物の栽培等による知識を得るだけでなく、様々なプロジェクトを組み立て、町の中心部の代替的基礎教育学校(Centro de Educación Básica Alternativa: CEBA)や技術生産教育施設(Centro de Educación Técnico-Productiva: 以下CETPRO[5])と提携して教員に出張してもらい、学習内容の認定を行う。そのほか、地元の大学やヨーロッパの大学等とも連携し、ヨーロッパからはボランティアも受け入れている。農場周辺には学校がなく、中等教育まで修了しようとすると、交通費を払って町中の学校に通うか、下宿しなければならなくなるが、農業雇用者にとってその負担は重いものであるため、このような形態をとっている。

CHASKAの場合、CETPROからは、美容、木工、農業など専門ごとの資格が得られる。また代替的基礎教育課程を修了すると、基礎教育修了資格と「砂漠における農業技術補助」の資格が得られる[6]。

②女性を小規模起業家にするプロジェクト。換金作物や鶏等を育てて売ることで現金収入を得る。彼女らの夫は仕事で数日留守にしたり、出稼ぎに行ったりするが、夫がいない間何日も食べるものがないこともあった。しかし現金収入を得ることでそうした問題も軽減され、また子どもに自分たちの収入から鉛筆など学用品を買うこともできるようになった。

③アマゾン地域での長老から子どもへの森での知識の伝承。農耕や薬草に関する知識、なたを使いこなして森の資源を利用しながら生活していく知識

などを、世代から世代へ、老人から子どもへと受け継ぐ。こうした内容を共同体内の学校教育のカリキュラムの一環として組み込む。

利益目的の語学学校や弁論(oratorio)の特訓のための学校などは共同体教育に当たらないという意見もあるが[7]、ペルー基礎教育評価・認定・保証機関(以下IPEBA)はそうした利益目的の民間による教育も含めて共同体教育だと捉えているようである[8]。会議参加者の中には、ジェンダーに関する相談を受け、女性の権利の尊重に取り組む体育教師の男性などもいた。

4. 共同体教育政策

(1) 共同体教育政策の概要

2003年総合教育法において新たな領域として設けられた[9]共同体教育とは、先住民の文化・知の継承、ジェンダーに関する教育、環境教育等、主に既存の学校教育制度の範囲外にあり、共同体やNGO、教会等の市民社会によって担われる教育・学習活動を指す。政策としては、このような共同体や市民社会に担われる教育・学習活動を承認し、教育水準を向上させ、市民権の行使や人間開発の促進のための共同体の活動への社会的認識を高めるとともに、学校等と連携して学習内容や資格の認定を行うことを目的としている。

共同体教育は市民社会によって担われ、先住民の共同体における年長者からのローカルな知の伝承を含むという点で、ノンフォーマル教育、インフォーマル教育[10]を含み、なおかつ学習内容や資格の認定という点では、フォーマル教育(学校教育)との接続を図るものであると考えられる。しかし、教育省の共同体教育担当者は、フォーマル、ノンフォーマル、インフォーマルといった分類も一つの価値観に基づくものであり、共同体教育をあえてそうした分類に当てはめることは適当ではないという見解を示した[11]。

共同体教育は、NGOなどの市民社会が形成した組織による教育活動を、国や地方自治体の教育担当部局が認定、評価するという形を取っている。全

国共同体教育提供団体登録制度 (Registro Nacional de Organizaciones de Educación Comunitaria: RENOEC) によると、2015年1月時点での登録団体数は1,836団体である[12]。参考までに2014年の第2回共同体教育全国会議の参加者は約240名であった。同会議には全国各地からの参加者があったが、参加者のいない州もあった。

(2) 共同体教育の特徴

　共同体教育の構成要素について、2014年第2回共同体教育全国会議配布資料[13]では、まず先住民やペルーの文化的多様性に言及している。そして同会議において述べられた共同体教育の内容としては、先住民の知の活用、再発見、市民社会 (NGO等) による教育活動、ジェンダーに関する教育、環境教育等が挙げられた。共同体教育の実践の中には、学校教育と協調する形もあるが、学校の範囲に限らない様々な教育活動が含まれる。共同体教育の実施者についても、先住民、農村共同体や先住民共同体、アフリカ系ペルー人 (アフロ・ペルアノ)、社会的活動を行う組織・集団、NGO、企業、メディア、というように、先住民が第一に挙げられていることが、共同体教育の特徴として指摘できる。

　このような共同体教育は、既存の学校教育制度の中では必ずしも承認、評価されてこなかった先住民の知の継承や、多様な形態のノンフォーマル教育を可視化するという意義を持つ。また、先住民の知の継承を謳うとともに、アンデスの先住民言語であるケチュア語で良き生、良く生きることを意味するスマック・カウサイという概念の援用も共同体教育の特徴として指摘できる。

　また2014年第2回共同体教育全国会議は、アンデスの先住民が信仰する母なる大地の神、パチャママに捧げものをする儀礼から始まっており、先述の通り共同体教育は先住民の文化の継承を強く押し出したものとなっている。その一方で、教育省の共同体教育ウェブサイトにおける共同体教育の背景としては民衆教育が挙げられ、普通基礎教育の中で先住民言語とスペイン語に

よって実施される異文化間二言語教育（Educación Intercultural Bilingüe）についてはほとんど言及がなく、後述する通りむしろ批判的な意見が聞かれたという点も、共同体教育の特徴である。

なお、共同体教育に関する国の役割は、共同体教育の振興、例えば全国会議の開催など情報交換の場を設けることであり、個々の活動への資金面での支援は行わない。ただし、活動によっては、自治体から資金を得る場合もある。

(3) 共同体教育の資格認定

2003年総合教育法を改正した2012年大統領令（011-2012-ED）第114条に言及されている通り、共同体教育として学んだ内容は、共同体教育実施団体が初等・中等教育レベルの学校やCETPROと連携することで、公的な資格や学習内容の認定を受けることができる（本章末尾資料4-1参照）。

IPEBAは、こうした資格・学習内容の認定、共同体教育と一般的な学校教育に当たる基礎教育および技術生産教育との接続は次のような理由から必要であると指摘する。第一に、現代社会においてノンフォーマル教育で得た教育は、フォーマル教育において提供されない能力の育成において重要な役割を果たしている。第二に、学習内容や資格の認定による教育機関間の接続を必要とする人々は、社会的に恵まれない人であり、こうした人々はノンフォーマル教育プログラムを通して日常生活に必要な能力を獲得している。青年や成人にとっての共同体教育は、代替的基礎教育との学習内容の相互認定への道を開くものと考えられている[14]。

5. 共同体教育の思想

共同体教育の政策形成には、働く子どもの運動への支援を行う団体Ifejantを主宰するアレハンドロ・クシアノビッチや、アンデス・アマゾンの農業や文化、生物多様性の保護や振興に関わる団体であるPRATEC創設者の一人

であるグリマルド・レンヒフォなど、市民社会の立場から、社会的に疎外された状況に置かれた子どもの教育、先住民の教育に関与し、考察を行ってきた論者が参加している[15]。

クシアノビッチは、民衆教育は1920年代に始まり、歴史的に産業化社会と関連したものであり、根本的には上からのもの、既存の社会に「民衆」を適合させようとするものであるという批判的な見解を示した。そうした民衆教育に対して、共同体教育は、国家が存在する以前から共同体に元々存在した教育機能、知の伝承である、とする。しかしそれを国家が「共同体教育」と名付けて承認しようとするところに矛盾はないのか、という点に意見の対立が見られることはクシアノビッチも認めていた。また、民衆教育は特に政治的目的が重視されるが、共同体教育はそういったものとは異なるという見解を示した。クシアノビッチの議論の中では、アンデス・アマゾン的世界観 (cosmovisión) が強調されるとともに、反西洋・反産業化社会的な主張も強く見られる[16]。

クシアノビッチは上記のように述べるが、「アンデス・アマゾン的世界観」とひとくくりにしてしまうことや、西洋を一枚岩として単純化し、批判してしまうことは、実は共同体教育政策が重視する文化的多様性を単純化することであるし、後述するように西洋批判をしながら外国からの資金援助を求めるという、共同体教育関係者の相反する態度を生んでいると考えられる。しかしこうしたアンデス・アマゾン的世界観の尊重や単純な西洋批判に対して、2014年第2回共同体教育全国会議参加者から疑問の声は上がらず、少なくとも参加者の間ではそうした視点が妥当なものであると捉えられていることがうかがわれた。

次に、共同体教育の背景として指摘される民衆教育との関連について見てみる。レンヒフォは、民衆教育と共同体教育について、共有する部分はあるものの、民衆教育はあくまでフレイレ派であると捉えている[17]。フレイレの著書では、降雪や雹、毛虫、テンジクネズミによる作物への被害を神による天罰と捉え、呪術的な方法でこれに対応しようとする農民に、いかに農業

技術を伝えうるかということが論じられている。またフレイレはチリの一地域の例を引きながら、農民は自分を自然の変革者というよりも自然の一部と感じ、「この密着した関係の下では、人間と世界とは互いに未分化であるから、世界を反省的に眺めるということは難しい」とし、また「現実を反省的に眺めるということは、現実を対象化するということである」と述べている[18]。そして、単に呪術的手法やその思考様式を頭ごなしに否定してはならないとしながら、「人間は環境から自分を分離することによって、環境に適応する存在ではなく、環境を変革する存在、つまりは決定を行う存在へとみずからをかえる[19]」とし、農民に意識の転換を働きかける必要性を論じている。

　レンヒフォは1970年、ペルー北部のピウラにおいて識字教育者のグループのメンバーとして、フレイレの方法論に基づく識字教育を行った経験を持つ。その活動の中では、「観察―判断―行動（ver - juzgar - actuar）」（第1章参照）という段階を踏んで学習者が現実を変えていくことが目指されていた。しかしそこで、学習者に、土地や日干しレンガといった、自分の日常にあることやものを一旦抽象化して考えてもらわなければならないという点が、識字教育者にとって非常に難しかったという。すなわちそれは、農民にとって自分と切り離して考えることのできない日常を、主体の外にある客体として捉えるという試みであった[20]。

　換言すると、フレイレ流の教育では、例えば農民の身近にある土地という題材を、一旦自分と切り離し、それが大土地所有制とどのように結びついているのか、自分が社会構造の中でどのように位置付いているのかを客観的に捉え直す糸口とする。そのような捉え直しを行うことが農民を意識化することであり、フレイレによる思想的変革であった。しかしレンヒフォのように当時からその限界を認識する人物もおり、それとは異なるアンデス・アマゾン的世界観が、ペルーの場合2000年代以降には政策上も承認、評価されるようになったと言える。

　レンヒフォはフレイレの教育思想では、物体に精神を適合させるのではなく、客体化した物体を精神によって考えたことに適合させるというように、

人間の精神に重きが置かれるのに対して、アンデスの価値観では精神は単体としてあるのではなく、感情や共同体内の人や物、霊などとの間の関係性と強く結びついたものであると捉える点が異なると指摘する[21]。また、人間と自然との関係性においても、アンデス・アマゾンの価値観では、自然はそこから資源開発をするためのものではなく、山も大地も共同体の一部として捉えるとする[22]。このように、レンヒフォはフレイレの教育の方法論の中に、西洋的で、アンデスの価値観に合わない部分があるという認識を示している。フレイレはまさにこうした先住民、農民の価値観の転換の必要性を示したのに対し、レンヒフォやクシアノビッチは、従来軽視されてきたアンデス・アマゾンの価値観の再評価を訴えている。

　レンヒフォによると、アンデスの文化において、育てること(crianza)とはつながりであり、絆を結んで、共同体に住む一人一人を共同体という織物に織り込んでいくことである。また同様に会話とは、(フレイレは対話による人々の意識の変革を目指したのに対して) 誰かを変えるための行動ではなく、相互を育て合うものであり、会話は生きるためのものであって真実を探すためのものではない。そして育てる者と育てられる者との間の区別はなく、すべての者が育て、育てられる。レンヒフォは、学校のある共同体において、育てることは伝統を忘れることではなく、アンデスの価値観と学校との共存を目指すべきだとする[23]。

　表4-1に示したのは、レンヒフォが示す公教育の文化とアンデス・アマゾン的な教育文化との比較である。まず世界との関係については、公教育の文化においては、世界とは思考の対象であったり、人と自然は分けて考えるべきものであるが、アンデス・アマゾンの文化において世界との関係とは、概念化する以前に経験するもの、個人的な経験に基づくものであるという。

　また、アンデス・アマゾン的な教育文化では、知識を生かす場が畑(chacra)であり、短期間で頻繁に変化する環境に応じて変化させるものであるとされる[24]。すなわちそうした環境の変化に柔軟に対応させていく知、いつでもどこでも適用可能な普遍的な知ではなく、地域限定的で、その時々に応じた

知であることを指すと考えられる。

　学習目的については、公教育の文化では、主体としての人間の行動により、客体としての自然を変えることが目的であるとする[25]。これに対して、アンデス・アマゾンの教育文化では、先述のように育てること (crianza) の相互性[26]が強調される。

表 4—1　レンヒフォによる公教育とアンデス・アマゾン的教育文化との違い

	公教育の文化	アンデス・アマゾン的教育文化（共同体教育と関連）
世界との関係	思考。人と自然との分離。抽象と実験の優位	個人的経験。直接的。関係性、感覚、感情の優位。知識の伝達は個人的経験によるもので、全体的
世界観	機械的な世界。資源としての自然	生きた世界。生き物としての自然
知識が有効な空間	普遍的。均質化傾向	地域的、状況に応じたもの。多様化傾向
学習目的	自然を変える	相互に育て、育てられる
言語	筆記	口頭
知ることの諸側面	実践のみに言及。知識、スキル、態度。その他は信仰や迷信と捉える	多面的。実践、合図、秘密、儀式、祭、食事
実行領域	産業、都市	畑、村

(出典：Rengifo 2009; Rengifo 2012[27]を参照し、筆者再構成)

　先述の通り、共同体教育の背景として民衆教育があることが指摘される。一方で、民衆教育と共同体教育の間には次の2点の大きな違いがあると考えられる。1点目は、クシアノビッチやレンヒフォの議論に見られるように、民衆教育が既存の社会への批判的意識を育成するとともに、社会の変革を目指すのに対し、共同体教育は西洋文化への批判的な視点を持ちながら、既存の社会（あるいは自分を取り巻く自然環境）を変えるのではなく、自分を取り巻

く環境の中で生き、環境との共存を図ろうとする志向があることである。2点目は、1点目と関連することだが、教育者に関する点である。特に民衆教育維持・発展論者の側からは意識されないとしても、民衆教育の実施においては、批判的意識の育成においてまず外部の教育者からの「意識化」の働きかけが想定されるのに対して、共同体教育の特に先住民の教育に関わる部分においては、長老（孫に対する祖父母）など共同体の内部者が教育者として想定され、また教える者が同時に教えられる者でもあるという相互関係が強調されていることである。なお2点目に関して、共同体教育の議論のレベルでは、レンヒフォの言うように共同体教育者（educador/ra comunitario/a）とは共同体の長老などであって、外部者は共同体教育者ではなく協働者（acompañante）であるとされる。しかし実践レベルでは、NGO関係者など外部者が働きかけを行うことも多いのではないかと考えられる。また、民衆教育自体も伝統的な学校教育における垂直的な教師－生徒関係を批判し、水平的な関係を重視してきたことから、本書第2章で取り上げたCEAALのような民衆教育維持・発展論者からは、2点目については異論があることも考えられる。

6. 共同体教育政策の課題

　2014年第2回共同体教育全国会議では、政策形成に関与する教育省関係者や先述の論者の主張と、実際に日々の実践を行う団体の関係者のニーズの不一致も見られた。ここから浮かび上がる共同体教育政策の課題を指摘したい。
　まず1点目は、共同体教育の定義に関する点である。政策としては当然、共同体教育とは何か、という定義はある。しかし会議の壇上の論者らからは、共同体教育とは多様なものであり、具体的に定義することはできないという意見があった。その一方、実践を行う関係者からは、共同体教育の実践を体系的に捉えることを求める声が上がった。2点目に、共同体教育の自律性と

思想に関わる点である。先述の通り、共同体教育では先住民文化の尊重、脱植民地化等が謳われる一方で、具体的な活動において国際協力団体の援助を求める声が多く聞かれた。また、活動の自律性に関して、活動資金を外国の団体あるいは自治体に頼っても、プロジェクトとしての資金は1～2年と短期間であり、共同体教育の継続性において課題が生じるとの指摘があった[28]。3点目に、団体を登録の対象としようとする教育省と、共同体教育の専門家として個人レベルでの承認・登録を求める現地NGO関係者との間での意見の不一致が見られた。ここには、先述の通り政策形成側はあくまで「共同体教育者」とは共同体内部の長老などであって、個人ではなく団体としての共同体、そしてその中の教育を重視するという立場を取っているためであると考えられる。

　また、既存の教育制度の中での教育と対応しない「知の継承」等に対して、既存の教育制度との資格の互換性や認証評価制度を利用しようとすることの課題もあると考えられる。それは制度運用上もさることながら、そもそも先住民文化などのインフォーマルな知の継承を教育制度の枠組みの中で捉えようとすることに思想的な矛盾がないのかという疑念が生じるためである。

　共同体教育政策は、先住民の存在を重視し、その文化や言語の尊重を訴えている。この点では、学校教育制度内で行われる異文化間二言語教育と密接な関係があると考えられる。しかしながら、共同体教育全国会議においては、異文化間二言語教育、すなわち母語（主として先住民言語）による学校教育に対する批判的意見が聞かれた。これによると、異文化間二言語教育は、教育省や地方の教育担当部局といった「上から」教材と教員が来る（より正確には来たり来なかったりする）だけであり、その二の舞を踏まないようにしなければならない、という意見であった。つまり、異文化間二言語教育は上から決められるものであったが、それに対して共同体教育は下から作り上げていこう、という意思を持つものと参加者が認識していると捉えられる。また、異文化間二言語教育は基本的に学校教育内で行われるのに対し、共同体教育は学校外での教育も含むという点にも留意が必要である[29]。

なお、2015年、先述の通り教育省内の組織改編が行われ、共同体教育に関する共同体教育・環境教育局（Direcciónレベル）は解体となり、新たに設けられた共同体教育部（Unidad de Educación Comunitaria）は代替的基礎教育・異文化間二言語教育・農村地域教育局（Direcciónレベル）の下部組織へと移動され、今後の政策実施もさらに遅延することが予想される。ただし、新たな共同体教育部は、異文化間二言語教育などの関連領域と同じ部局内に位置付けられたため、部局内での連携が進展する可能性もわずかに期待される[30]。

7. おわりに

共同体教育は、既存の学校教育では評価されてこなかった多様な価値観に基づく知を評価し、また何らかの形での資格認定を行おうとするものである。そして、そういった先住民の知の継承や多様な形態のノンフォーマル教育を可視化するという意義を持つ。しかし同時に、思想的には共同体教育は既存の学校教育制度や西洋的な価値観を批判する立場に立つ一方で、実践面においてはそのような思想的な観点から説明される価値観では収まりきらない面があり、既存の制度との資格の上での接続や、教育省からの認証を求めるという状態にあると考えられる。

本章で検討した民衆教育限界論者の立場は、維持・発展論者との違いにおいて、やはり先住民の教育を民衆教育に含めて考えられるかどうかという点が鍵になる。この立場では、民衆教育が政治的志向の強い社会変革を目指していたことを批判的に捉え、それとは異なる価値観に基づく共同体教育というものを評価しようとしている。ただし実践レベルでは、現在共同体教育として登録制度に登録されているものでも、従来は民衆教育と呼ばれていたものが含まれていたりしており、政策形成関係者ほどに、両者に違いがあると認識されていないとも考えられる。

共同体教育関係者が認識する共同体教育と民衆教育の違いは、第一に民衆教育が政治的であるということ、特に社会変革志向が強いことに対して、共

同体教育は社会変革といった政治的・理念的目標を持たないこと、第二に共同体教育は先住民や地元の人たちの知の継承を重視したことがある。こういった共同体教育の特徴は、民衆教育が近代社会における発展やそこから生み出される不平等を問いながらも、文化的には近代社会における発展という枠組みから出ることができなかったという民衆教育の限界を明らかにした。

　第2章から第4章まで、本研究における分析の第一の視点として、民衆教育が社会の変化を受けてどのように変容してきたのかを、維持・発展論者、制度包摂論者、限界論者の三つの立場を通して考察してきた。維持・発展論者によると、民衆教育は、「社会を変える」という目標や、学習者の直面する現実を重視するという点は維持している。しかし、階級概念を重視し、政治・権力構造の変革を絶対的目標とするのではなく、扱うテーマも政治経済的なものから先住民、ジェンダー、市民権、人権、環境といったものへ広がり、学校教育や教育政策に影響を及ぼすことを重視するようになった。一方で、制度包摂論者の立場から見たように、かつて民衆教育として行われたノンフォーマルの教育実践や権威主義的な学校教育の否定といった民衆教育の思想は、教育制度・政策内にも取り入れられるようになった。また、限界論者の立場に見たように、民衆教育として扱うテーマが拡張する一方で、民衆教育はそもそも西洋近代的な価値観に基づいているため、アンデス・アマゾン的世界観とは相いれないという指摘があった。このように民衆教育が変容し、その限界も指摘される中、どのようにして民衆教育としての性質を維持するような実践が可能であり、また民衆教育が現在も重要であると言えるのだろうか。第5章と第6章では、本研究の分析の第二の視点として、学校教育の社会的・政策的重要性がより増し、成人教育の政策的優先性が低下する中で、民衆教育が変容してもなお可能な民衆教育の形とは何かを明らかにするため、民衆教育に影響を受けた二つのNGOによる学校教育の事例を検討する。

注

1 Dirección de Educación Comunitaria y Ambiental. "Una breve historia de la Educación Comunitaria." (http://www2.minedu.gob.pe/educam/dieca/index.php?edu=comunitaria&wp=infogeneral&wps=historia, 2015 年 1 月 30 日確認)
上記ウェブサイトは教育省内組織改編によりその後閲覧できなくなったが、印刷、保存したものを利用している。
2 教育省共同体教育担当職員ホセ・バルガス（José Vargas）氏、エルナン・ラウラシオ・ティコナ（Hernan Lauracio Ticona）氏、ブラディミル・ウニャピルコ・チャンピ（Vladimir Uñapillco Champi）氏へのインタビュー（2014 年 9 月 4 日、フィールドノートより）。
3 Roberts, Kenneth M. *Deepening Democracy?: The Modern Left and Social Movements in Chile and Peru*. Stanford: Stanford University Press, 1998, pp.258-260, pp.266-267、Schönwälder, Gerd. *Linking Civil Society and the State: Urban Popular Movements, the Left, and Local Government in Peru, 1980-1992*. University Park: Pennsylvania State University Press, 2002, pp.80-83, pp.195-196、元教育省共同体教育担当職員ホセ・バルガス氏へのメールでの照会（日本時間 2016 年 7 月 7 日）。
センデロ・ルミノソは、民衆組織を「修正主義的」左翼として敵視した。1989 年から 1992 年の間に、リマの貧困層居住地域で 100 人以上の地域のリーダーたちが殺された（Roberts. 1998, *op.cit.*, pp.259-260）。
4 教育省共同体教育担当職員ホセ・バルガス氏、エルナン・ラウラシオ・ティコナ氏、ブラディミル・ウニャピルコ・チャンピ氏へのインタビュー（2014 年 9 月 4 日、フィールドノートより）。
5 CETPRO は、美容や調理、縫製、コンピューター操作等の職業教育を行う。
6 2015 年 1 月 31 日（日本時間）CHASKA の代表ルス・マリナ・キスペ・エストラダ（Luz Marina Quispe Estrada）氏からのメールによる。
7 2014 年 12 月 9 日リマ市内におけるアレハンドロ・クシアノビッチ（Alejandro Cussiánovich）氏へのインタビューによる。
8 IPEBA (Instituto Peruano de Evaluación, Acreditación y Certificación de la Calidad de la Educación Básica). *Educación a lo largo de la vida: medios de articulación en el sistema educativo peruano*. Lima: IPEBA, 2011, p.47.
9 1982 年の総合教育法（法令第 23384 号）においても、第 16 編、第 95 〜 97 条に共同体における教育の振興（De la promoción educativa comunal）が示されているが、これは教育機関（学校）が実施するノンフォーマル教育とされ、本章末尾資料 4-1 に見るように、「学校以外の社会組織が実施する」2003 年総合教育法およびその改正大統領令下での共同体教育とは異なる。

第4章　ペルーの共同体教育政策から見る民衆教育の限界　115

10 ノンフォーマル、インフォーマル教育とは、ケネディ政権下の国務省教育文化局初代国務次官補やユネスコ国際教育計画研究所の初代所長を務めたクームスの分類により、フォーマル教育、すなわち一般的な学校教育との対比で使われる用語である。ノンフォーマル教育は、主として学校教育以外の例えば公民館での学習活動や習い事、NGOなどが行う学校外での識字教育などの教育形態であり、インフォーマル教育は、しつけや慣習の伝承など、必ずしも体系化、言語化されていない、時には意図されない教育を指すものである。ただし、ノンフォーマル教育の中には放課後に学校内で行われるものもあり、必ずしも「学校外教育（out-of-school education）」と同義ではない（丸山英樹・太田美幸編著『ノンフォーマル教育の可能性：リアルな生活に根ざす教育へ』新評論、2013、pp.28-32；永井健夫「『統合』を鍵とした生涯学習」香川正弘・鈴木眞理・佐々木英和編『よくわかる生涯学習』ミネルヴァ書房、2008、p.47；Coombs, Philip H. with Roy C. Prosser and Manzoor Ahmed; Barbara Baird Israel (ed.). *New Paths to Learning: For Rural Children and Youth.* New York: Prepared for UNICEF by International Council for Educational Development, 1973, pp.10-11.）。
11 教育省共同体教育担当職員ホセ・バルガス氏、エルナン・ラウラシオ・ティコナ氏、ブラディミル・ウニャピルコ・チャンピ氏へのインタビュー（2014年9月4日、フィールドノートより）。
12 2015年3月19日教育省共同体教育職員より入手の資料による。
13 Ministerio de Educación. *II Encuentro Nacional de Educación Comunitaria 2014: Desarrollando Educación Comunitaria desde la diversidad.* Lima: Ministerio de Educación, 2014, pp.14-18（2014年12月4、5日リマ近郊ワンパニで行われた会議での配布資料）.
14 IPEBA. 2011, *op.cit.*, p.23.
15 アレハンドロ・クシアノビッチ氏へのインタビューは2014年12月6日、9日、グリマルド・レンヒフォ（Grimaldo Rengifo）氏へのインタビューは2014年12月6日、いずれもリマ市内で行った。
16 例えば、ペルー（クスコ）とボリビアで働いた経験のあるスイス人哲学者Josef Estermannの提示する、西洋では合理性（racionalidad）が重視され、先住民の文化では関係性（relacionalidad）が重視される、といったことを指摘する（Cussiánovich, Alejandro. "Reflexiones a propósito de la consolidación de la Educación Comunitaria en el Perú." en Ministerio de Educación. 2014, *op.cit.*, p.108.）。
17 2014年12月6日リマ市内におけるグリマルド・レンヒフォ氏へのインタビューによる。
18 傍点は引用文献による。フレイレ、パウロ著、里見実・楠原彰・桧垣良子訳『伝

達か対話か：関係変革の教育学』亜紀書房、1982、pp.151-156。
19 同上書、pp.168-169。文中の用語のスペイン語訳省略。
20 Rengifo Vásquez, Grimaldo. *La enseñanza es estar contento: educación y afirmación.* Lima: PRATEC, 2003, pp.14-17.
21 *Ibid.*, p.20.
22 Rengifo Vásquez, Grimaldo. *Aproximación a una concepción rural andino-amazónica sobre la educación comunitaria en el Perú. Saberes y aprendizajes (Informe de consultoría presentado a DIECA).* Lima, 26 de octubre de 2012, pp.7-8.
23 Rengifo Vásquez, Grimaldo. 2003, *op.cit.*, pp.22-23, pp.25-26.
24 Rengifo Vásquez, Grimaldo. "La cultura educativa de la comunidad: cosmovisión y producción de conocimientos en el medio andino-amazónico." *TAREA.* Nº72, 2009, p.55.
25 *Ibid.*, p.56。
26 トウモロコシの種蒔きや水路の工事など、パチャ（世界）の再創造の集団行動。育てる（criar）のケチュア語は *uywa* であり、この言葉には、守る、保護する、授乳する、欲する、世話をするといったことが含意される。また、*uywa* には互恵性と庇護が含意され、育てるということは育てられる者が自分を育てることであり、あらゆる者が育てる者であるならば、同時に我々はすべて育てられる者であることを意味する（Rengifo Vásquez, Grimaldo. 2009, *op.cit.*, p.56、パチャの訳語は、青木芳夫、アンヘリカ・パロミーノ＝青木「日本語・ケチュア語語彙集」『奈良大学紀要』第33号、2005、p.42参照）。
27 Rengifo Vásquez, Grimaldo. 2009, *op.cit.*, p.56, Cuadro; Rengifo Vásquez, Grimaldo. 2012, *op.cit.*, pp.7-10.
28 2014年第2回共同体教育全国会議におけるアフロ・ペルアノ博物館（Museo Afro Peruano）ルイス・ロカ（Luis Roca）氏の発言（2014年12月4日フィールドノートより）。
29 異文化間二言語教育に関しては、伝統的なスペイン語・西洋文化中心の教育に対して、先住民の言語や文化を尊重するものであるという評価がある。その一方で、異文化間二言語教育の政策や教員研修では、二言語教育に関する実践は示されるものの、文化相互的（intercultural）教育実践をどのように行うのかという点が示されておらず、個々の教師の力量に頼っているという指摘がある（Valdiviezo, Laura. "Bilingual Intercultural Education in Indigenous Schools: An Ethnography of Teacher Interpretations of Government Policy." *International Journal of Bilingual Education and Bilingualism.* Vol.12, No.1, 2009, pp.61-79)。
30 この点に関して代替的基礎教育・異文化間二言語教育・農村地域教育局顧問のマヌエル・グランデス（Manuel Grández）氏からは肯定的な見解が示された（2015年10月7日リマ市内でのインタビューによる）。

資料4-1：共同体教育に関する法令

共同体教育は、2003年総合教育法において以下のように位置付けられた。

第4章　共同体教育（Educación Comunitaria）
第46条　概念と目的
　共同体教育は社会組織から展開され、人々の能力の充実や発揮、市民権の十分な行使のためにその学習が展開されることや、人類の発展の促進に向けられる。共同体の教育は人々の知識、能力、熟達度を補い、拡大し、その永続的で全人的な教育に貢献する。これは教育機関外で行われる。
第47条　学習の認定
　社会組織により展開されたプログラムを通して達成された学習は、しかるべく証明され、基礎教育や技術生産教育のレベルでの認定を受けることが可能である。
第48条　共同体教育の促進
　国は国、州、地域の領域において、共同体教育の自発性を質に見合った水準で促進、評価、承認する。共同体に現存する資源はこのために効果的に利用される。

なお、2003年総合教育法は2012年の大統領令（011-2012-ED、法令第28044号総合教育法規則）により一部改正され、下記の通り共同体教育は第7章第111条から第115条において規定されている。この大統領令の記述は全体的に2003年総合教育法よりも詳細になっており、共同体教育に関しても記述量が増加している。

第7章　共同体教育（Educación Comunitaria）

第111条　定義

共同体教育は教育機関（※訳注、学校）ではない社会組織によって行われる教育形態である。これは就学経験の有無にかかわらずあらゆる年齢の人に向けられた教育である。共同体教育は、市民権の十分な行使、人間性の向上のため、能力、才能、個人的・社会的・環境・労働における態度を広げ、豊かにしようとするものである。これは国の教育制度の一部であり、国が承認し、評価する。これは社会組織によって展開される。

第112条　共同体教育の目的

共同体教育の目的は次の通りである。

a) 身体的、社会情緒的、認知的側面、および労働、経営、文化、精神、人生のあらゆる側面での行動における人の全体的な教育に寄与する。
b) 学校において提供される教育を補う。
c) インクルーシブ教育、生涯教育に寄与する。

第113条　特徴

共同体教育は次のような特徴を持つ。

a) 年齢や状況の異なる様々な人々の要求に応えるため、多様な教授法を用い、均質なものではない。
b) 人、集団の個性や社会文化的状況、環境、経済生産的状況に合わせるため、柔軟である。
c) 人、集団の生活の質を向上させる学習や知識に応じて定義され、編成されるため、重要である。
d) 様々な行為者の参加を義務付け、参加型である。
e) 様々な学識や人々の知の貢献を重視するため、学際的である。

第114条　共同体教育の接続
　共同体教育のプログラムや活動により達成される知識、能力、熟達した技能は、基礎教育および技術生産教育の様式、レベル、サイクルにおいて、教育省が法令により承認した必要条件を満たすものとして教育機関により認定される。どのような学習を行ったかを明確にするのは資格を授与する組織の責任である。
　共同体教育を提供する組織は、その学生や共同体に学習機会を提供する教育機関と連携することができる。分権化された教育の管理運営機関（※訳注、州教育局（DRE）、地域教育部（UGEL））はこの連携を推進する。

第115条　共同体教育の振興
　国は、国、州、地域の機関を通して国の多様性を考慮し、社会組織の自律性を尊重しながら共同体教育を振興する。脆弱な状況、貧困、排除された状況に置かれた人々や共同体への対応を優先する。同様に、人間性の発達、改革的な取り組みに寄与する活動や、様々な行為者や領域の連携を含む活動も優先する。
　共同体教育は以下のような様々な活動により推進される。
a) 共同体の教育活動のために、その活動が共同体教育を推進し、質が高く、適切かつ非営利であり、教育機関自体の授業や活動を妨げない限りにおいて、公共の教育施設・設備が使用できるようにする。
b) 共同体教育の良い実践例を認識し、社会におけるその普及を支援する。
c) 共同体教育の発展および教育する社会の強化に寄与する研究や調査の実施を支援する。
d) 共同体教育が提供するサービスおよび人々や社会集団が獲得する能力の質に対する社会の監視を推進する。

写真4—1　2014年共同体教育全国会議
（冒頭でアンデスの神パチャママに祈りを捧げる）

写真4—2　2014年共同体教育全国会議
（コカの葉を使って儀式を行う）

第4章 ペルーの共同体教育政策から見る民衆教育の限界 121

写真4—3 2014年共同体教育全国会議
(インカの伝説上の初代王マンコ・カパックに扮する参加者、各地の民族衣装を着た参加者たち)

写真4—4 2014年共同体教育全国会議
(ワークショップで話し合った地域の活動計画を説明する参加者)

第5章　ペルーの働く子どもの運動マントックと民衆教育

1.　はじめに

　第4章までに見たように、民衆教育は社会の変化とともに変容してきた。一方で民衆教育は、現在もNGOによる都市周辺部の子どもへの教育活動、夜間学校、先住民の教育政策といった、一般的な学校教育からこぼれ落ちた人や、それに馴染まない人への教育の背景について語る際に、しばしば言及され、中には学校教育として取り組まれるものも存在する。本章と次の第6章では、本研究の分析の第二の視点である、民衆教育が変容してもなお可能な民衆教育の形とは何かを検討する。ここではペルーにおいて学校教育に民衆教育の要素を取り入れた二つのNGOを取り上げ、ペルー社会で学校教育の重要性がより増す中で、民衆教育がそれぞれの事例においてどのような形で学校の中に取り入れられているのかを考察する。

　本章では、ペルーにおいて展開されている働く子どもの運動マントック（キリスト教徒の働く青少年運動、Movimiento de Adolescentes y Niños Trabajadores Hijos de Obreros Cristianos：MANTHOC）に着目する。マントックは児童労働撲滅に反対し、子どもの働く権利を求める運動であり、2017年のウェブサイト情報では国内12州で約2500人が参加する[1]。本章では、まず運動の観点や背景を確認した上で、子どもが働くことを肯定的に捉える理念の下で展開される教育活動とはどのようなものであるか、そこに民衆教育がどのような影響を与えたのかを考察する。なお、本章第5節で詳述するリマのマン

トックの学校は、第6章で取り上げるフェ・イ・アレグリアの学校の一校（FYA03校）と同じサン・フアン・デ・ミラフローレス地区にあった。同地区は1954年、地方からの国内移民による砂地の集団占拠を発端として形成された大衆居住区である[2]。リマのマントックの学校は2004年には80人の生徒がいたが、後述する閉校前年の2012年の生徒数は8〜26歳の11人だった。カハマルカの学校の生徒数は例年120人程度であり、留年等で標準学齢を数歳上回る生徒もいたが、おおむね生徒たちは標準学齢であった[3]。

　ペルーでは他の途上国と同様に、児童労働が問題として認識されている一方で、子どもが働くことを文化の一側面、あるいはその子どもの生活の上で欠くことのできない要素として、肯定的に捉える意見がある。児童労働がしばしば問題視される理由は、それが子どもの発達や教育機会の保障を阻害することへの懸念があるためである。本章で取り上げるペルーのマントックの場合は、子どもの労働環境の改善や働く権利を求めながら、当事者である子どもおよびコラボラドーレス（colaboradores）と呼ばれるその協力者、そして協力者らを中心に運営する学校によって、教育機会の保障に努めている。学校自体は特別大きな学校ではないため、この学校によって教育機会が保障できる子どもの数は限られている。しかしマントックの学校による教育活動は、児童労働が問題とされる状況およびそれに関連する子どもの活動や、子どもの社会的主体性を考える上で重要な視点を提供するものと考える。

　ペルーにおけるマントックを取り上げた先行研究には、まず児童労働の主題からこれを扱うものが挙げられる。ボイデン（Boyden 1988,1991）は1990年前後のペルーの児童労働に関して調査を行い、働く子どものほとんどがインフォーマルセクターにいるため、その存在はペルーの労働法規において無視されていることを指摘し、そうした状況の中で社会的に弱い立場に置かれる子どもが運営する運動としてマントックを取り上げた[4]。また、ポスト（Post 2002）はチリ、ペルー、メキシコの児童労働に関するデータや政策を考察するとともに、児童労働に関してこれを肯定的に捉える立場と否定的に捉える立場があることを整理し、子どもが働くことを肯定的に捉える例としてペ

ルーのマントックに言及している[5]。また、人権を主題とした研究では、世界中で普遍的な人権を目指す中で児童労働を一律に年齢で制限するのは文化的多様性に反するという議論を紹介する中で、働くことで自尊心や責任感を感じることができるという働く子どもの主張を取り上げている[6]。こうした児童労働に関する先行研究では、数値的なデータやマントックの主張のみが取り上げられることが中心となる。しかしそこからは主としてマントックの特異性が考察され、その主張や運動の背景にあるラテンアメリカ地域の思想や実践からの影響、すなわちマントックがその社会的文脈から引き継いだ部分があまり考慮されてこなかった[7]。一方で、マントックが関わる先行研究や出版物においては、児童労働撲滅に反対する視点が強く打ち出されており、子どもの教育を重視することや、売春や麻薬売買などの活動を子どもに止めさせたいとしていることなど、マントックと児童労働撲滅の立場との共通する点については見出されてこなかった。

　そのため、本章ではマントックの運動や主張の詳細について、マントックの設立に関わったクシアノビッチの論考やマントックを支援する団体（働く青少年の教育者育成機関、Instituto de Formación de Educadores de Jóvenes, Adolescentes y Niños Trabajadores: Ifejant）の出版物をはじめとする文献調査および現地での関係者へのインタビュー、リマとカハマルカでの授業観察などを元に、マントックがラテンアメリカ地域における20世紀半ば以降の思想や実践、とりわけ民衆教育から受けてきた影響、そしてそれらとマントックの学校における教育活動との関連を検討する。なお、クシアノビッチはカトリックの司祭かつ教育者であり、当初から継続してマントックに関わり、多くの論考を書いている。第4章で見たように、クシアノビッチは民衆教育に対して批判的な見解を示しているが、マントックの活動にとって現在も重要な存在であり、関係者が信頼と尊敬を寄せる人物である。

　以下、第2節において児童労働という用語と、それに対するマントックの立場を主にクシアノビッチの論考を参照しながら整理し、第3節でマントックの開始の背景とその活動について述べる。さらに第4節で、マントックが

どのように子どもを社会的主体として捉えているのかを民衆教育との関連を含めて考察する。最後に第5節で、マントックの学校教育に民衆教育からの影響がどのように見られるのかを考察する[8]。

2. 子どもが働くことをめぐる議論

児童労働という言葉は論争的である。子どもの労働にはピンからキリまであり、子どもの心身や知的、道徳的、社会的発達を促進し、就学やレクリエーション、休息を妨げないものもあれば、子どもの心身の発達に有害で搾取的なものがあり、その両極の間に様々な労働がある[9]。ILOは5歳から17歳までのあらゆる経済活動を行う子どもを、「雇用されている子ども (children in employment、(西) los niños ocupados en la producción económica)」、「働く子ども (working children、(西) niños que trabajan)」とし、その中で最悪の形態の児童労働 (後述)、就業最低年齢以下の労働を「児童労働 (child labour、(西) trabajo infantil)」と定義している[10]。

ペルーの国立統計情報庁 (Instituto Nacional de Estadística e Informática: INEI) も、児童労働に関する法的定義はなく、「青少年[11]によって行われるすべての仕事 (trabajo) が児童労働 (trabajo infantil) と見なされるべきではない」とし、ILOと同様に、子どもの身体・精神・道徳に有害であり、就学を妨げるものを児童労働としている。国立統計情報庁が行った2015年の全国児童労働調査 (Encuesta Nacional Especializada de Trabajo Infantil: ETI) では、5歳から17歳の青少年が調査対象の週に1時間以上何らかの経済活動を行ったことを「働く (以下、仕事)」と定義しており、働く青少年は26.1％、働いていない青少年は73.9％であった。詳しく内訳を見ると、同調査では仕事と家事について区別して質問しており、全体の22.7％の青少年が仕事、家事、就学の三つの活動を行っていた。また、働いていない青少年でも、全体の52.1％が家事と就学をしていると答えた。就学のみの青少年は全体の19.9％であった。就学状況を見てみると、働いている青少年の93.0％が就学していた (働いて

いない青少年は96.5％が就学）。また、働く青少年の73.2％が行っている仕事は、報酬のない家業であった[12]。

　調査で仕事をしていないと答えた者でも家事をしていることや、働く青少年の多くが家業を手伝っていることから、仕事や家事、そして日常会話の中で多く用いられる（特に親の）手伝い（ayuda）は、実際の生活の中では切れ目なく存在していると考えられる。

　本章では、児童労働という用語を、子どもの心身の発達を妨げないものも含めることとするが、マントックに言及する場合には、「マントックはその始まりにおいて『児童労働（trabajo infantil）』ではなく、働く子ども（niños, niñas y adolescentes trabajadores）について語っている。主体、行為者、具体的な肉体を持った主体について語ったのであって、抽象的な問題や概念を語ったのではないからである」[13]という考えがあることから、働く子ども、あるいは子どもが働くこと、といった表現を用いる。

　また児童労働に関しては、しばしばILOの児童労働に関する条約が参照される。それらは、1973年に採択した就業最低年齢を15歳（途上国の場合14歳でも認められるほか、いくつか例外もある）と定めた138号条約、1999年に採択した「最悪の形態の児童労働」をなくすための182号条約である。ここでいう「最悪の形態の児童労働」とは人身取引、債務奴隷、売春などである。ペルー政府は両条約とも2002年に批准している。

　これらに関して、クシアノビッチは就業最低年齢を一律に定めることは文化の違いへの配慮を欠くと指摘している[14]。また、ILOの指す「最悪の形態の児童労働」は労働ではなく犯罪であるとして、これを労働に含めることを非難している[15]。その上で、子どもが働くこと自体を問題として「禁止」や「撤廃」の対象とするのではなく、その労働環境や子どもの生活に問題がないかを検討することが必要なのであり、働くこと自体は人間の生活の一部として子どもにもその権利を想定すべきだとクシアノビッチは述べている[16]。

　以上のように子どもが働くことに関して多様な価値判断があることを踏まえた上で、ペルーのマントックが子どもの働く権利を主張する背景について

考察する。

3. マントックの背景とその活動

(1) 運動開始の背景

　児童労働に関わるNGOなどの組織は各国に存在しているが、それぞれの国あるいは組織にはそれぞれ特有の組織化理由がある。ペルーの働く子どもの運動の場合は、1970年代の政治・社会状況の変化を直接的な成立契機としている。ここではまず運動開始の背景について述べる。

　序章で述べたように、ペルーでは1960年代を境に都市人口が農村人口を上回るようになり、山岳地域や熱帯雨林地域から首都リマを中心とした海岸地域に人々が流入するようになった。都市部へ移住してきた人々は都市の周辺地域を占拠する形で居住を始め、のちにプエブロ・ホベンと呼ばれる居住地域を形成するようになった。

　クシアノビッチによると、マントックの開始には上記のような社会状況だけでなく、それに基づいた民衆運動や社会思想など、ラテンアメリカ独自のカトリックの動きをはじめとする当時の地域特有の背景があった[17]。ラテンアメリカ地域には国を単位として見れば経済的に豊かな国も多く、また現在では地域全体として就学率も高い[18]。しかし地域的な特徴として各国内の社会格差が大きいことは、かつて植民地であったこの地域の歴史に由来し、現在でも克服すべき課題として残っている。こうした状況に対し、貧困層や先住民の置かれた苦境を不当として争う草の根の運動が20世紀半ばから起こり、注目されてきた。その中には、カトリックの神父らが都市周辺部や農村部へ赴いて司牧活動を行った解放の神学（第1章参照）、経済危機下の都市周辺部における女性の自助組織などの民衆運動（第3章参照）[19]、そして本書の主題である民衆教育などがある。それらは例えば従来のような教えるものと教えられるものとしての教師―生徒関係や、手を差し伸べて助けてあげるべきというような貧困層などへの見方の変化を迫るものであった。

第5章　ペルーの働く子どもの運動マントックと民衆教育

　ペルーにおいて国内移民の増加とともに都市で働く若者が増える中、労働環境改善を目的とする団体キリスト教青年労働者（Juventud Obrera Cristiana: JOC、ホック）は失業者や家事労働者など様々な状況にある青年同士の連携に取り組んでいた。JOCはベルギー人のジョーゼフ・カルダン司祭が1925年に始め、1935年にペルーに伝わった活動である。JOCでは、例えば家政婦の若い女性が仕事場で受ける暴行などの問題について、それが彼女自身の宗教上の罪に対して神が与えた罰ではない、といったことを語り合いながら確認していった。仕事上の悩みや問題を仲間内で共有し、問題を自分自身に帰して諦めることのないようにするのがカトリック関連の労働者の運動の目的であった。1976年、JOCに参加していた8人の若者たちは、都市で孤立して危険にさらされながら働く子どもの増加に直面し、当時JOCのアドバイザーであったクシアノビッチに助言を求め、マントックを始めた。農村から移住した子どもにとって、都市は農村のような共同体の紐帯もなく、危険にさらされることの多い土地であった。都市では盗難をはじめとする犯罪が多く、子どもが容易にそうしたグループに加担したり盗みや薬物に手を染めたりする危険性もあった。JOCの若者たちは、自分たちも子どものころから働いていた経験から、働く子どもが孤立せず集まって組織を作る必要性を認識していた[20]。

　先に触れたようにJOCでは若い労働者がその労働環境について問題意識を持ち、それを聖書に照らしながら解釈していった。JOCの活動は、1968年にペルー人神父グスタボ・グティエレスによって解放の神学として捉えられるカトリックの新たな動きの先駆的事例である。クシアノビッチはグティエレスとともに革新派司祭の運動体を率いた司祭の一人であった[21]。第1章で述べたように、解放の神学では労働者や貧困層の置かれた状況を抑圧と捉え、そこからの解放が目指された。同じ悩みを持つ者同士で問題を共有し、問題の起きた状況を不変のものとして諦めない、というJOCの視点はマントックに受け継がれている。マントックにおいても子どもたち自身を主体と捉え、その労働環境が彼らの発達に悪影響を与える搾取的なものでないかど

うか、仕事の価値を批判的に検討した。またそのように子どもを他の貧者や搾取された人々、抑圧された人々と同じように捉えるのは、ラテンアメリカのカトリック教会の動きよりもマントックの方が先であったとクシアノビッチは述べている[22]。

働く子どもの運動が生まれた1970年代後半は、ラテンアメリカにおいて社会運動の性質が変化し、都市の大衆居住区住民などによる民衆運動が注目されていく時期であった[23]。またペルーでは、1980年のベラウンデ政権への民政移管後の経済政策により、大量のインフォーマルセクター従事者が発生した[24]。大人の経済的困難は直接子どもの生活に影響するものであるが、そうした中で大衆居住区における民衆食堂（comedor popular）のような互助的な活動によって生活を守ろうとする動きが生まれた。働く子どもの運動が特に影響を受けたのは、子どもたちと同様に男性中心の社会から疎外されていた女性たちによる民衆食堂のような、自助組織の運動であった[25]。

(2) マントックの活動 ―働く子どもの組織化―

カトリック系の労働青年団体であるJOCの影響を受け1976年に始まったマントックの活動であるが、その活動は5点の理念に基づいている。すなわち、(1)組織の自律性を保持する、(2)子どもたち自身が自身の代表となる、(3)一部の働く子どもだけでなくすべての働く子どものための組織になる、(4)国内・国外の働く子どもに関する議論を促進する、(5)働く子どもの社会的・心理的特徴に配慮した教育を行う、という5点である。これらの活動理念に基づき、マントックはストライキなどの具体的な抗議行動を行うのではなく、議論を中心とした活動を行う「共同体」になろうとしていた[26]。マントックは運動の中心が子どもであることを原則としているが、子どもは成長していずれ運動の中心から外れるため、運動の中心には入れ替わりがある。

マントックの活動初期においては週に1、2回集まり、自分たちの住む地域でのグループ活動を中心としていた。この地域でのグループ活動がその後もマントックの活動の基本的な要素となっていく。その内容はまず、自分が

仕事や生活の上で抱える問題について話し合うことであった。そしてその解決策として、例えばごみが散乱した居住地区を遊びや生活のために安全なように清掃することや、運動参加者の親や雇い主に会って子どもに暴力を振るうのをやめるよう説得するといった活動をした。グループ活動を通して、子どもたちが組織を作ったり、人前で自分の経験を自分の言葉で話したり、自分あるいは他人のために自分たちで行動することがその意義として指摘されている[27]。

1980年代に入り、マントックはこうしたグループ活動をリマの一部地域だけでなく国内の他地域にも拡大し、それらの相互の交流・連携を図っていった。1984年には15人のマントック代表の若者を集め、マントックの初めての年次全国大会を開いた。さらにその後数年間では国内16の地域で拠点を持つなど、活動を急速に拡大していった[28]。子どもの居住地域でのグループ活動では、働く子どもが抱える身近な問題について話し合う。そして子どもたちの中から代表者を地域レベル、州レベル、全国レベルで選出し、1990年代以降は、先述のILOを中心とした児童労働撲滅の動きや、1989年に採択された子どもの権利条約などを一部は参照、一部は批判する形でマントックはその主張の発信も行うようになる。

4. 社会的主体としての子どもと運動の中の民衆教育

マントックでは子どもが社会的主体（sujeto social）となって活動するという概念をプロタゴニスモ（protagonismo：主役主義）という言葉で表している。これは1960年代に教会関係者や民衆運動の中から生まれたものであり、民衆運動においては労働組合や農産加工業の労働者、土地を求める農民の運動、農村から都市への移民などによる政治的な権利要求運動を総体として表す上で、プロタゴニスモ・ポプラール（protagonismo popular）という表現が生み出された[29]。

スウィフトによると、プロタゴニスモはそもそも明確に定義された言葉で

はなかったが、マントックはこれに意味を加えていった。それによると、プロタゴニスモは参加よりも広い概念であり、参加の場合には他者から操作される可能性を残すのに対して、プロタゴニスモの場合には活動主体は自分で自分の行動に責任を持ち、自分の経験を解釈するような権利や能力を持つ状態を指す[30]。マントックはプロタゴニスモを特に働く子どもの中に位置付けることによって、子どもが自分の置かれた状況に主体的に関わり、それを変える能力を育てていこうとした。具体的には、例えば集会やグループ活動において、子どもであることから存在を軽視されるのではなく、自分の意見を述べ、直面する問題の解決に主体的に関わることで自らがエンパワーメントされていくことが挙げられる[31]。

ここで論争となりうるのは、子どもが実際にどれだけ社会的主体として行為できるかという部分である。クシアノビッチは社会的主体としての子どもを非常に積極的に捉えている。一方で、例えばボイデンは1980年代のマントックの状況について、子どもを支援する大人であるコラボラドールの果している役割が過小評価されてはならないと指摘しており[32]、コラボラドールらの助けを全く必要とせず、すべての子どもが始めから自分の意見を表明したり、集団として活動できるわけではないことに留意する必要がある。

これに関しては、子どもは成長(formación)の段階にあり、徐々に意見の表明などができるようになるというコラボラドールの見方が手掛かりになる[33]。すなわち、マントックがこれに影響を受けた思想や実践の影響から、子どもを主体とし、子ども自身をエンパワーメントするための重要な要素として、働く権利を主張しているものの、運動や教育活動の側面では、子どもの成長という要素を考慮しているのである。

マントックという運動において民衆教育からの影響は、子どもが自分の置かれた状況を社会の中で位置付け、直面している問題を仲間と共有するという方法や、子どもとコラボラドールとの間に平等な関係を築くことに見られる。民衆教育においてはその名の通り学習者である民衆が主体的に学ぶことが重視されるが、マントックの場合も、運動が大人の主導になってしまわな

いよう、注意を払っている[34]。そのため運動に関わる大人が自分の考えを子どもに押しつけたり指導したりするのではなく、子どもたちが話し合う中で自分が仕事をする上での問題や悩みなどを話し、その原因を考えていくという手法を取る。そしてそこでまとめた意見をキャンペーンなどの働きかけを通して周知し、問題解決を図っている。

クシアノビッチは、働く子どもの運動が民衆教育の長年の経験から受けた影響は大きいと指摘する。一方で、民衆教育は主に成人を対象とし、識字教育やノンフォーマル教育といった活動を中心としており、マントックの経験から社会的に排除された者としての子どもの視点を加えることができると指摘する[35]。このように、一般的な政治的意思決定の場に関与することのない人々が主体的に問題解決を目指す、という点に民衆教育からの影響が見られるとともに、その主体として子どもも含めた点にマントックの独自性が見られる。

マントックという運動は以上のように展開されていったが、彼らは労働条件の改善や子ども同士の連帯に留まらず、同時に教育機会も必要としていた。各地に拠点を持ち、代表者の会合を持つことによって、各地共通の問題として認識されたのが、国の教育が働く子どもたちの生活状況に適合しないという、働く子どもの教育の問題であった[36]。

5. マントックの学校と民衆教育

(1) マントックの学校の概要

マントックは働く子どもの生活に適合する形の教育を求め、運動開始から10年後の1986年にリマ市内に学校を設立した。クシアノビッチによると、設立の1年前に民衆教育に関する雑誌『自己教育（Autoeducación）』の主導で様々な教育経験を持つ子どもたちが集まる機会があり、そこに公立学校に通うマントックの子どもたちも参加した。そこで学年など従来の学校の枠にとらわれずに生徒の実態や理解度に応じた教育を行う学校の実践について耳に

したマントックの子どもたちが、働く子どもの実態に合った学校を求めてクシアノビッチらコラボラドーレスに詰め寄ったのだった。彼らは同時に、自由の精神や尊敬し合う関係、教員の身近さ、矯正的・競争的ではなく一人一人の子どもの進度を評価することなど、自分たちの通う公立学校には欠けている点も認識した。そこで彼らが望んだのは、働く子どもの直面する現実の困難を理解するだけでなく、学びたいという希望も叶える学校だった。カリキュラムはクシアノビッチらが提案して、子どもたちが承認する形を取り、学校はリマ市内のサン・フアン・デ・ミラフローレス地区シウダー・デ・ディオス市場に近い元歯科診療所を借りて始まった。クシアノビッチはマントックの子どもたちとともに、市場で働くマントックに参加していない子どもたちにも学校への参加を呼びかけた。市場で働く子どもたちのほとんどは学用品が買えなかったり、落第したりしたために学校に通っていなかった。しかし、だからこそ再び挫折したくないという彼らの学ぶ意欲は高かった[37]。

　先述の通りマントック自体は子どもの活動であり代表者も子どもであったが、学校設立などの要件を満たすためには、子どもだけでなく大人の名前での協会設立等が必要であった。そこで、マントックは子どもが中心となる運動（movimiento）と、コラボラドールなどが実質的に運営するサービス（servicio）を緩やかに区別した[38]。学校はマントックが提供するサービスに当たる。学校の理念や教育内容は、子どもの参加や働く子どもの実生活に密着したものとし、子どもを権利を持った主体として、すなわち社会における行為者として捉えることをその教育活動の基本としている。また、学校では教員と子どもの水平的な関係や、子どもたちの持つ知識や経験を評価することを重視している[39]。

　リマでのマントックの活動の経験は、ドイツ人神父によって1986年に北部山岳地域の都市カハマルカにもたらされた。最初はカハマルカ近郊の温泉「インカの温泉」で石鹸を売る子どもたちを集め、当初は布教活動が主な目的だったが、徐々に教育的要素が含まれるようになった[40]。カハマルカのマントックの元学校長は、1996年に公立学校の教員を退職したのち、1997

年からマントックでの教育活動を行うようになり、地域でのグループ活動において勉強を教えた。当時は教育を受けていない32人の子どもに勉強を教えていた。1年目は市場で働く子どもたちに市場で教育を行った。しかし市場で教えることは、環境的にも子どもが働く時間との兼ね合いにおいても難しかったことから、夜に子どもたちの家を一軒ずつ訪ねて勉強を教えた。ところがその方法では一人一人に毎日教育ができるわけではなく、なかなか勉強が進まなかったため、2年目は子どもたちの親と話して、朝か夜、子どもが働いていない時に子どもを集めて教育を行うようにした[41]。のちにリマの学校、カハマルカの学校とも私立学校として登録された。

マントックの学校は、2003年の総合教育法において成人教育を中心に新たに設けられた代替的基礎教育の先駆例の一つとして、教育省の文書に取り上げられている[42]。このことから、マントックの取り組みが一定の評価と理解を得てきたことがうかがわれる。

このようにマントックが働く子どもの学校を設立した要因としては大きく2点挙げられる。1点目は、マントックが働く子どもの生活実態に配慮した教育の必要性を認識していたことである。このため、子どもが働きながら就学を継続し、学習内容に関心を持つようにカリキュラムの内容を実践的なものとし、製菓や工芸品製作、作った商品の販売などを行っている。2点目は、1点目と関連することであるが、公立学校が働く子どものニーズに合わず、その学校の性質が子どもの就学の障害になると認識されたことであった。マントックの学校では就学の障害となる要因を排除することで、働いている子どもに限らず、留年を重ねて年齢が上がり、一般の公立学校に行きにくくなった子どもや、公立学校への諸経費が払えない子ども[43]、障害を持つ子ども、身分証明書のない子ども（過去に出生届が出されなかった子ども）[44]などもその生徒として受け入れている。

働く子どもにとって公立学校が厳格すぎて学ぶ意欲が起きないということも問題として認識されていたが[45]、マントックの学校関係者は、彼らが教育の機会を失わないよう、働く子どもを含めた多様な背景を持つ子どもへの

教育に取り組んでいる。このようにマントックの学校に通う子どもの抱える困難は、仕事を主な背景としているとは限らない。家庭環境が不安定な子どもが多く、子どもが愛情に飢えていると指摘する教師の声も聞かれた[46]。マントックの学校の特徴は、子どもを学校から排除することなく、子どもに寄り添った教育を提供しようとする点にある。

(2) マントックの学校における民衆教育

　上記の2校のマントックの教員らが2010年に発表した教育方針・カリキュラムに関する資料『働く子どもたちの権利としての教育』では、マントックの学校の教育理念における重要な要素として民衆教育を挙げている。民衆教育においては、社会的に排除された者の立場から現実を批判的に捉え、従来の学校での一方的な教授方法とは異なり、学習者の生活する環境に基づいた教育を行おうとする点が、教育方針に影響したと指摘する。また、教育方針における基本的な観点として、(a)労働者としてのアイデンティティを肯定する、(b)自分たちによる組織づくりを経験することを奨励する、(c)働く子どもの学習において、運動・情緒・認識の3点を強調する、(d)学習したことを社会を変えるための実践へ方向づける、という4項目を挙げている。具体的には、働くことを肯定した上で、働く子どもだけでなく働いていない子どもとも連携して組織を作り、例えば環境衛生・娯楽の不足・不安定な状況での仕事・健康問題などの改善について、住民組織や保護者と一緒に、自治体や政策、学校に訴えるという行動を奨励している。そして個々の問題解決をしていくことが、長い目で見れば社会を変えることにつながるとしている[47]。ただし、実際には組織化は学校よりも運動としてのマントックの活動で行われており、学校では基本的な学力や子どもの権利に関する知識を身に付けること、日常の学校生活の中で自己肯定感を高め、校内の集会などで自分たちの意見を述べられるようになること、そして製菓や工芸品製作などの実習をすることが重視されている。

　先述の通り、マントックの学校ではカリキュラムの内容を実践的なものと

し、製菓や工芸品製作、作った商品の販売などを行う。カリキュラムは教科横断的な性格を持っており、製菓や工芸品製作といった仕事・生産に関する科目と、算数、国語、社会、理科等の活動を関連付けた学習が取り組まれている。具体的には、例えば製菓の授業では、子どもが実際に製菓を行うだけでなく、材料の名前や分量、調理方法の書き取りを通して綴りの勉強をしたり、費用、販売価格、売上の計算を算数の一環として学んだり、店で材料を購入したり、材料の果物の産地について学んだり、お菓子を入れる紙袋を作り、それに絵を描いたりするというように、製菓を通じて関連する科目の学習を行っていた。

　なお、先述の通り学校はマントックが提供するサービスの一つという扱いであり、学校に通う子どもは必ずしもマントックの運動に参加している必要はない。逆に、マントックの運動に参加する子どものすべてがマントックの学校に通っているわけではなく、また働いている子どもがみな公立学校に通えなかったり、留年を繰り返したりするわけではない。子どもの時から公立学校に通いながら運動に参加し、国立大学に通う傍らコラボラドールとして運動を支援した青年らもいた。したがって、マントックの学校に通う生徒には、働いていることもさることながら、それ以外の家庭環境や貧困などの状況も複合的に重なり合っている。

　リマ、カハマルカの2校のマントックの学校とも私立学校として認可を受け、それぞれ主に外国の団体からの寄付により教員給与を賄うため、保護者はわずかな学校関連費の負担のみで子どもを通学させることができた。しかし2012年には、リマの学校は教員給与の支援を受けられなくなっており、2013年には資金難で開校できなくなった[48]。

　一方、カハマルカの学校は、2015年にはカハマルカ地区の教育を管轄する地域教育部 (Unidad de Gestión Educativa Local: UGEL) との協定により、公費で給与が支払われる教員の派遣を受けていた。基本的に私立学校は公費補助を受けないが、同校は経済的に余裕のある子どもの通うような私立学校ではないため、校長は (第6章で取り上げるフェ・イ・アレグリアのように) 教員給与

に対して公費補助の受けられる民営公立校のような形が望ましいという見解を示した。ただし2015年に派遣された教員は、同校が選んだのではなく地域教育部の基準によって採用されたため、学校文化をめぐってあつれきがあったという。それは、例えば子どもが教員を名前（愛称）で呼ぶことや、子どもの集会があること、教員と子どもに双方向的な関係性が求められるなど、他校と違った特徴を持つためである[49]。

6. おわりに

　本章では、働く子どもの運動マントックとその学校が、どのような背景から子どもを社会的主体として捉え、その働く権利を求め、彼らのニーズに合った教育を提供しようとしてきたかを論じた。児童労働というテーマの下では、それをいかになくしていくか、どの労働を禁じるべきか、どのように彼らに教育を受けさせるかといった議論がしばしばなされる。一方でそうした議論と同時に、具体的にどのような教育が可能であるのか、彼らがどのような関与を日常において必要としているのかも議論が必要である。そしてそれに対するマントックの教員たちの一つの回答が、子どもが生活する日常と結びついた教科横断的な学習を行うという、民衆教育に影響を受けた取り組みである。

　第2節で取り上げた「働くこと自体は人間の生活の一部として子どもにもその権利を想定すべき」というクシアノビッチの主張は、マントックの主張と重なるものであるが、これは社会的弱者をエンパワーメントしてきたラテンアメリカの思想・実践に大きく影響を受けたものであった。JOCの活動や民衆教育などから影響を受けることで、マントックはその活動や権利の主張において、一般的な政治的意思決定の場に関わることのない子どもも社会的主体であることを理念としてきた。そして子どもたちが話し合いによって自分たちの抱える問題を認識するとともに、それを解決する主体となることを目指した。子どもが働くことを社会的主体として欠かせない要素と見るか

どうかは議論の分かれるところであろうが、子どもの働く権利という一見ラディカルな主張をするマントックはその主張ゆえに注目されてきた。しかしマントックが提供する教育活動が、働くことを肯定的に捉えた上で、仕事以外の側面で子どもが抱えている困難を理解するとともに、公的な初等教育修了の資格を与えていることは、現実に困難に直面する子どもへの一つの対処法を提示している。

　マントックの学校での民衆教育では、社会的に無力な存在とされがちな子どもに権利を教える、子どもの生活する現実に密着したテーマから出発する、自分の意見を発言できる人を育てるといった点が重視されていた。またその前提として、働いていることだけでなく、年齢や経済的問題等、様々な要因で他の学校に通えない、通いにくい子どもを受け入れ、彼らが市民として育っていくための土台作りをしてきた。

注

1　MANTHOC. *Quiénes somos*. (http://www.manthoc.org.pe/quienes-somos/、2017年8月22日確認).
　　運動の具体的な内容に関する邦語資料としては、マントック以外の団体も参加した運動 MNNATSOP（Movimiento Nacional de Niños, Niñas y Adolescentes Trabajadores Organizados del Perú：ペルー働く青少年の全国運動）に関する現地調査と児童労働についての議論を述べた研究（川窪百合子「ペルーの働く子どもたち：社会変化の担い手としての子どもの位置付けとその葛藤」『PRAÇA』第12号、2000、pp.37-45（前編）、第13号、2001、pp.4-17（後編））などがある。
2　佐々木直美「チョロ：都市のインディオ」黒田悦子・木村秀雄編、綾部恒雄監修『世界の先住民族：ファースト・ピープルズの現在　第8巻　中米・カリブ海、南米』明石書店、2007、pp.224-227、Matos Mar, José. *Perú: estado desbordado y sociedad nacional emergente*. Lima: Universidad Ricardo Palma Centro de Investigación, 2012, pp.122-124。
3　教育省統計 ESCALE
　　(http://escale.minedu.gob.pe/web/inicio/padron-de-iiee、2017年8月26日確認)による両校の生徒数データ及び訪問時に得た情報による。
4　Boyden, Jo. "National Policies and Programs for Child Workers: Peru." in Bequele, Assefa and Jo Boyden (eds.). *Combating Child Labour*. Geneva: ILO. 1988, pp.195-216; Boyden, Jocelyn. "Working Children in Lima, Peru." in Myers, William. E.

(ed.). *Protecting Working Children*. London: Zed Books Ltd. in association with UNICEF, 1991, pp.24-45.（Jocelyn Boyden は Jo Boyden の別名。）
5　Post, David. *Children's Work, Schooling, and Welfare in Latin America*. Boulder, Colorado: Westview Press, 2002.
6　Schech, Susanne and Jane Haggis. *Culture and Development: A Critical Introduction*. Oxford: Blackwell Publishers Ltd, 2000, p.169.（働く子どもの主張自体は Swift, Anthony. "Let us work!" *New Internationalist*. No.292, 1997, pp.21-23 から引用しているが、その主張を含めた児童労働に関する議論を展開している。）
7　ペルーの働く子どもの運動がラテンアメリカにおいて人口の多数を占める若者の運動の一つとして言及されたことはある（Wolseth, Jon and Florence E. Babb. "Introduction: Youth and Cultural Politics in Latin America." *Latin American Perspectives*. Vol.35, No.4, 2008, p.8.）。
8　本章は、以下の論文を加筆、修正したものである。工藤瞳「ペルーにおける子どもの働く権利を求める運動：その教育活動とラテンアメリカの思想・実践との関連」『比較教育学研究』第 43 号、2011b、pp.112-130。
9　ユニセフ（国連児童基金）『1997 年世界子供白書』ユニセフ駐日代表事務所、1996、pp.17-20、針塚瑞樹「『子どもの労働体験』と『児童労働』」『国際教育文化研究』第 7 号、2007、pp.37-48。
10　ILO (International Labour Office), IPEC (International Programme on the Elimination of Child Labour). *Marking progress against child labour: Global estimates and trends 2000-2012*. Geneva: ILO. 2013, pp.45-46. (スペイン語版 OIT (Oficina Internacional del Trabajo), IPEC (Programa Internacional para la Erradicación del Trabajo Infantil). *Medir los progresos en la lucha contra el trabajo infantil: estimaciones y tendencias mundiales entre 2000 y 2012*. Ginebra: OIT, 2013).
11　ペルーでは青少年法（Código de los Niños y Adolescentes、法令第 27337 号）により、11 歳までを子ども（niño）、12 歳から 17 歳までを若年者（adolescente）と規定している。本章では統計に関する部分と団体の正式名称で niños y adolescentes を青少年と訳す。
12　INEI. *Perú: Características sociodemográficas de niños, niñas y adolescentes que trabajan, 2015. Encuesta Nacional Especializada de Trabajo Infantil (ETI)*. Lima: INEI, 2017, p.9, p.23, p.29, p.37, p.103.
13　Cussiánovich, Alejandro. "Notas para un ensayo sobre los aportes del MANTHOC en treinta años de vida al pensamiento social sobre infancia." *NATs Revista Internacional desde los Niños y Adolescentes Trabajadores*. Nº16, Lima: Ifejant, 2008, p.28.
14　Cussiánovich, Alejandro. *Ensayos sobre infancia: sujeto de derechos y protagonista*.

Lima: Ifejant, 2006, pp.345-349. また、就業最低年齢を定めることはマントックの場合に限らず、途上国の実態に合わないといったことから批判がある。例えば Bourdillon, Michael., Ben White, and William Myers. "Re-assessing Minimum-age Standards for Children's Work." *International Journal of Sociology and Social Policy.* Vol. 29, No.3/4, 2009, pp.106-117。
15 Cussiánovich, Alejandro. 2006, *op.cit.*, p.378.
16 *Ibid.*, pp.322-343.
17 Cussiánovich, Alejandro. *Aprender la condición humana: ensayo sobre pedagogía de la ternura.* Lima: Ifejant, 2007, pp.19-22; Cussiánovich, Alejandro. 2008, *op.cit.*, pp.22-23, pp.28-30.
18 2015年のラテンアメリカ・カリブ海地域全体の初等教育粗就学率（カッコ内純就学率）は男子110.3%（92.8%）、女子108.3%（93.2%）、中等教育粗就学率（カッコ内純就学率）は男子90.5%（73.9%）、女子95.3%（77.4%）である（UNESCO Institute for Statistics、http://data.uis.unesco.org/#、2017年8月27日取得）。
19 民衆運動については、大串和雄『ラテンアメリカの新しい風：社会運動と左翼思想』同文舘出版、1995、Schönwälder, Gerd. *Linking Civil Society and the State: Urban Popular Movements, the Left, and Local Government in Peru, 1980-1992.* University Park: Pennsylvania State University Press, 2002 などに詳しい。
20 Swift, Anthony. "El movimiento nacional de niños y adolescentes trabajadores organizados del Perú (MNNATSOP)." *NATs Revista Internacional desde los Niños y Adolescentes Trabajadores.* Nº5-6, 2000, pp.103-106, p.108, p.110、2010年3月9日リマ市内におけるアレハンドロ・クシアノビッチ（Alejandro Cussiánovich）氏へのインタビューによる。
21 ただしのちにクシアノビッチはカトリックの司祭を名乗ることをやめ、司祭としてではなく一教育者として子どもたちの社会運動や教育に携わるようになった（クシアノビッチ、アレハンドロ著、五十川大輔編訳『子どもと共に生きる：ペルーの「解放の神学」者が歩んだ道』現代企画室、2016、pp.19-23、p.30、pp.42-43。Cussiánovich, Alejandro. 2006, *op.cit* の編訳。なお、同書では educación popular は大衆教育と訳されている）。
22 Cussiánovich, Alejandro. 2006, *op.cit.*, p.366.
23 大串和雄、1995、前掲書、pp.9-10。
24 Schönwälder, Gerd. 2002, *op.cit.*, p.74.
25 Cussiánovich, Alejandro. 2007, *op.cit.*, p.21.
26 Chacaltana, Juan. "Manthoc, un movimiento de niños y niñas trabajadores del Perú." *NATs Revista Internacional desde los Niños y Adolescentes Trabajadores.* Nº5-6,

2000, pp.67-70.
27　*Ibid.*, pp.72-73; Swift, Anthony. 2000, *op.cit.*, pp.108-112; Schibotto, Giangi. *Niños trabajadores: construyendo una identidad*. Lima: MANTHOC, 1990, p.198.
28　Swift, Anthony. 2000, *op.cit.*, pp.132-133.
29　*Ibid.*, p.124; Cussiánovich, Alejandro. *Paradigma del protagonismo*. Lima: Infant, 2010, pp.25-28. 2010年11月22日リマ市内でのクシアノビッチ氏へのインタビューによる。
30　Swift, Anthony. 2000, *op.cit.*, p.124.
31　川窪百合子、2001、前掲論文、pp.8-12。また、クシアノビッチは子どもを社会的主体として再定義することは、コラボラドールなど子ども以外の社会的主体の概念や役割をも再考する必要性を伴うとしている (Cussiánovich, Alejandro. 2006, *op.cit.*, p.186)。
32　Boyden, Jo. 1988, *op.cit.*, p.214.
33　2010年11月26日カハマルカ市内でのコラボラドールへのインタビューによる。
34　コラボラドーレスに関してはSwift, Anthony. 2000, *op.cit.*, pp.118-119に詳しい。
35　Cussiánovich, Alejandro. 2006, *op.cit.*, p.368; Cussiánovich, Alejandro. 2008, *op.cit.*, pp.28-29.
36　Swift, Anthony. 2000, *op.cit.*, p.133.
37　Cussiánovich, Alejandro. 2006, *op.cit.*, pp.465-468、クシアノビッチ、アレハンドロ著、五十川大輔編訳、2016、前掲書、pp.32-34。
38　Chacaltana, Juan. 2000, *op.cit.*, pp.70-72.
39　MANTHOC Equipo de Colaboradores Docentes. *La educación como derecho de los niños, niñas y adolescentes trabajadores MANTHOC: propuesta pedagógica educación, trabajo y escuela productiva*. Lima: MANTHOC, 2010（マントックの学校教員らが作成した、2010年11月16日パシフィコ大学（リマ）におけるマントックのカリキュラムに関する集会の配布CD-R所収のPDF資料）, p.13, p.23.
40　2010年11月29日カハマルカ市内でのアロイス・アイヘンラウプ（Alois Eichenlaub）氏、2015年10月5日カハマルカ市内でのマントックの学校アレックス・メディナ（Alex Medina）校長へのインタビューによる。
41　2010年11月29日カハマルカ市内でのマントックの学校ルシラ・セルナ・サンチェス（Lucila Cerna Sánchez）校長（当時）へのインタビューによる。
42　Ministerio de Educación. *La otra educación...: marco general para la construcción de la Educación Básica Alternativa*. Lima: Ministerio de Educación, 2005, pp.134-135.
43　制服代などの学校関連費が就学の負担になるという問題に対して、マントッ

クの学校は公立学校のように制服を持たず、リマのマントック学校の場合は月10ソーレス（約300円）、カハマルカのマントック学校は月5ソーレス（約150円）の学費のみを徴収していた。これらは製菓等の実習や、プリントの印刷費に充てられた（2012年10月23日リマ市内のマントックの学校、2012年10月29日カハマルカ市内のマントック学校にて確認）。

44 ペルーでは全国民が身分証明書（DNIと呼ばれるカード）を有することとされ、学校入学や携帯電話登録、行政サービスを受ける際に必要になる。しかし出生届を出さずに身分証明書がない子どもも存在し、公的には禁止されているが、学校が入学を拒否する場合がある（工藤瞳「ペルーの学校教育における正規性・非正規性」『アジア教育研究報告』第13号（特集　途上国の中等学校等の多様化と正規性・非正規性に関する国際比較研究）、2014、pp.76-79）。

45 Swift, Anthony. 2000, *op.cit.*, p.150、また2015年の国立統計情報局の全国児童労働調査（ETI）で10歳から17歳の働く青少年に留年した理由を尋ねたところ、「教員の教えていることがわからないから／成績が悪いから」（50.8%）、「勉強が嫌いだから」（15.9%）、「健康上の問題」（8.5%）、「仕事のため」（5.8%）、「家事のため」（3.1%）「その他」（15.9%）という結果だった（INEI. 2017, *op.cit.*, pp.27-28）。

46 2010年11月29日カハマルカ市内および12月7日リマ市内のマントックの学校教員・コラボラドーレスへのインタビューによる。

47 MANTHOC Equipo de Colaboradores Docentes. 2010, *op.cit.*, pp.24-28.

48 リマ在住マントックの支援者への2014年1月26日の電子メールでの確認による。

49 2015年10月6日カハマルカ市内でのマントックの学校アレックス・メディナ校長へのインタビューによる。

写真 5―1　マントックのキャンペーンポスター
「私たちの意見は重要だ！」

写真 5―2　カハマルカの墓地でニッチの手入れ用のはしご運びの仕事をする少年
（マントックの学校の生徒も働いていた）

第5章　ペルーの働く子どもの運動マントックと民衆教育　145

写真5—3　リマのマントックの学校の外壁
「私たちは質が高く温かみのある教育を受ける権利を持つ働く青少年だ」

写真5—4　カハマルカのマントックの学校　朝礼

写真5—5　製菓実習

写真5—6　製菓実習　出来上がった菓子を入れる袋も作る

第6章　ペルーでのカトリック系国際NGO
　　　　フェ・イ・アレグリアの民衆教育

1. はじめに

　本章では、第5章に続き、学校で民衆教育を行うNGOとしてカトリック系国際NGOフェ・イ・アレグリア（信仰と喜び、Fe y Alegría、以下学校名等一部FYAと表記）を取り上げる。フェ・イ・アレグリアは、自らを「全人的な民衆教育と社会振興の運動（Movimiento de Educación Popular Integral[1] y Promoción Social）」と捉えている。

　フェ・イ・アレグリアは宗教を基盤とし、教育に携わる国際NGOの中で、ラテンアメリカで最も広く知られているものの一つである[2]。フェ・イ・アレグリアは、1955年にベネズエラにおいて、イエズス会士ホセ・マリア・ベラス（1910〜1985年）らが都市周辺部の貧困地域で始めた教育活動である。2012年にはラテンアメリカ17カ国およびチャドとスペインで活動し、フォーマルな学校教育における学習者数は58万人を超え、ノンフォーマル教育やラジオでの通信教育も含めた学習者数（フォーマルとの重複除く）は112万人を超える[3]。

　フェ・イ・アレグリアは、その規模の大きさと、都市周辺部など社会経済的に不利な地域で教育活動を行ってきたことからその知名度を高めてきた。そしてその不利な条件下にもかかわらず、同様の条件下にある公立学校と比較して運営が効率的である、学業成績が良い国がある、といった理由から、1990年代以降、各国の研究所や国際機関がフェ・イ・アレグリアに関する研究を行ってきた[4]。

しかしフェ・イ・アレグリアについて注目すべきは、先行研究で重視される運営面や国際展開に加えて、フェ・イ・アレグリアが自らを「全人的な民衆教育と社会振興の運動」と捉えていることである。これまで述べてきたように、民衆教育とは従来ノンフォーマル教育や成人教育等、学校教育に対する代替的な教育運動として用いられてきた用語であり、これを学校教育も含む活動の中で用いることは一見逆説的である。しかしこの逆説的と見られる用語の使用の論理を明らかにすることで、現時点で成功した学校運営モデル、といった視点から捉えられることの多いフェ・イ・アレグリアの活動が、半世紀を超える取り組みの中でどのように変化してきたのかを明らかにすることができると考えられる。本章では、フェ・イ・アレグリアの展開の社会的背景や、カトリックであることからもたらされる社会的・宗教的影響を踏まえた上で、フェ・イ・アレグリアの自己規定において民衆教育というキーワードがどのような意図や論理で用いられてきたのか、またその論理が時代の変化とともにどのように変わってきたのかを、考察することを目的とする。そのため、まずラテンアメリカのフェ・イ・アレグリアに関する全般的な事象について述べ、その後ペルーの事例を詳細に見ていく。なおペルーのフェ・イ・アレグリアに関しては、アルカサルとシエサ (Alcázar y Cieza 2002) やジェイモビッチ (Jaimovich 2012) が運営面や学業成績の点で優れていると指摘している[5]。

　研究方法としては、文献調査とインタビューの結果を用いる。文献に関しては、フェ・イ・アレグリア国際連盟 (Federación Internacional de Fe y Alegría) が行ってきた国際会議の資料[6]、創始者ベラスの論考[7]を中心とした文献を、先行研究と照らし合わせてその妥当性を検討しながら用いる。インタビューに関しては、2012年10月～11月、2014年9月にペルーで行ったフェ・イ・アレグリア・ペルー本部長ヘロニモ・オジェロス氏および2校の校長・副校長等学校関係者へのインタビューの結果を用いる。調査対象校 (以下FYA01校、FYA03校[8]) はいずれも1966年にペルーで初めて設立された5校のうちの2校であり、FYA01校は修道会が運営、FYA03校は校長が世俗 (設立時は修道会が

第6章　ペルーでのカトリック系国際NGOフェ・イ・アレグリアの民衆教育　149

運営）である。

　まず第2節では、フェ・イ・アレグリアの運動の社会的背景を述べ、第3節でフェ・イ・アレグリアの学校の制度的位置付けと特徴を検討する。そして第4節では、民衆教育という言葉が用いられた論理を考察し、第5節においてフェ・イ・アレグリアを取り巻く環境の変化と新たな課題を述べる。なお、一般的に学校外の教育を指すことの多い民衆教育の考え方を、学校教育を中心とする活動の中で用いる点にフェ・イ・アレグリアの特徴があると考えられるため、本章では議論をフェ・イ・アレグリアの活動の中でも学校教育に限定する[9]。

2. フェ・イ・アレグリアの展開の社会的背景

　フェ・イ・アレグリア創始者のベラスは、ベネズエラのカトリカ・アンドレス・ベジョ大学で教鞭を取るイエズス会士であった。ベラスは大学生らとともに、1954年から首都カラカス郊外のスラム地域での信仰教育および社会福祉活動を始めた。フェ・イ・アレグリアの学校は、カラカス郊外カティア地区の住人でありレンガ職人であったアブラハン・レイエスが、地域の子どもたちに教育機会を与えるため、ベラスに自宅の一部を提供したことに端を発する[10]。

　フェ・イ・アレグリアは、「アスファルトで舗装された道が途絶え、飲料水が届かず、街が名前を失ったところでフェ・イ・アレグリアは始まる」をスローガンとして、貧困地域の学校教育を中心とした教育活動を行ってきた。ラテンアメリカ地域の主要都市においては、1930年代以降、農村部から都市部への大規模な人口移動が始まり、第二次世界大戦後はこの変化が顕著になった[11]。移住した人々は都市周辺部の土地を占拠する形で居住区を形成し、インフラなど全く整備されていない土地において、その劣悪な居住環境を改善するための自助的な活動に取り組んできた。フェ・イ・アレグリアはこうした都市周辺部に学校を設立してきており、「アスファルトで舗装された道

が途絶えるところで始まる」背景には、こうした都市事情が存在した。

　さらに、ラテンアメリカ各地の都市周辺部において、カトリックの司祭らが司牧活動を行い、その中からラテンアメリカの宗教改革とも言われ、権威主義的な教会を批判する解放の神学が生まれた。解放の神学では、ラテンアメリカの大多数の人々が貧困に苦しんでいるという社会状況を批判的に捉えて彼らをエンパワーするとともに、権威主義的な教会を変えようとした。解放の神学は、ラテンアメリカ司教協議会 (Consejo Episcopal Latinoamericano: CELAM) 総会のメデジン会議 (1968年)、プエブラ会議 (1979年) を通してラテンアメリカにおけるカトリックに大きな影響を与えた。一方で、社会構造分析にマルクス主義を援用し、貧困をもたらす社会状況と闘うために暴力も辞さない立場も一部に見られ、カトリックの保守派やバチカンの批判を受けた[12]。フェ・イ・アレグリアもまた、ベラスのスラムにおける司牧活動に端を発するように、貧困に苦しむ人々に寄り添い、エンパワーしようとする20世紀後半のラテンアメリカにおけるカトリックの変化と時代的背景を共にするものであった。

　ベネズエラで始まったフェ・イ・アレグリアは、その後ラテンアメリカにおいては、エクアドル (1964年、以下カッコ内は活動開始年)、パナマ (1965年)、ペルー (1966年)、ボリビア (1966年)、エルサルバドル (1969年)、コロンビア (1971年)、ニカラグア (1974年)、グアテマラ (1976年)、ブラジル (1981年)、ドミニカ共和国 (1990年)、パラグアイ (1992年)、アルゼンチン (1996年)、ホンジュラス (2000年)、チリ (2005年)、ハイチ (2006年)、ウルグアイ (2008年) の17か国で展開されている[13]。

3. フェ・イ・アレグリアの学校の制度的位置付けと特徴

(1) 制度的位置付け

　植民地時代のラテンアメリカにおいて、先住民に対するカトリックの布教は、富の獲得と並ぶ植民地経営の目的であった。そして植民地経営を担う先

住民エリートと支配階級の白人への教育のため、カトリック教会、とりわけ修道会[14]は、初等教育から高等教育までの大部分の学校を設立・運営した[15]。

19世紀の独立後、各国はカトリックを国教と定めたものの、19世紀半ばから20世紀初頭までには、カトリック教会の影響力を排除するため、政教分離を原則とするようになった[16]。この間もカトリック系の学校は、主として富裕層や中間層を対象とする私立学校として運営されてきた。国によって時期は異なるが、カトリック系の私立学校を中心に貧困層を対象に無償で教育を提供するところも現れ、その運営費や教員給与に対して公費補助が与えられる場合もあった[17]。フェ・イ・アレグリアも制度的にはこうしたカトリック系の学校の流れに位置付く。

ペルーにおいては、富裕層を対象としたカトリック系私立学校が公費補助のない時代に、付属校のような形で貧困層向けの学校を設立してきた。その後1950年代に貧困層向けのカトリック系学校への公費補助が増額され始め、1963年に補助が教会と政府との合意として制度化された。この公費補助を受けて、修道会や教区は貧困層向けに授業料が無償、あるいは低額の学校を多く設立するようになった[18]。これらの学校はフェ・イ・アレグリアの学校に限らず、各校が採用したい教員を地域の教育当局（地域教育部、UGEL）に推薦することができる。これは、他の公立学校が地域教育部による教員選考試験の成績上位者を採用しなければならないことと比較して自由度が高い[19]。

公費補助を受けるカトリック系学校のうち、授業料が無償で教員給与が全額公費から支出される学校は公立、低額でも授業料が有償の場合は私立学校に分類される。教会・修道会が直接運営しないNGOの学校は一般的に私立学校扱いになるが、フェ・イ・アレグリアの場合、全国本部と教育省との協定の下、現在では修道会が直接運営しない学校も公立学校に分類され、1966年の創立以来、教員給与の全額公費補助を受けている。2012年には、フェ・イ・アレグリアが運営する基礎教育（就学前、初等、中等）段階の学校数は全国で67校となった[20]。

(2) 特徴 —ネットワーク—

次に、フェ・イ・アレグリアの活動の展開においてどのような特徴が見られるのか、修道会のネットワークおよびフェ・イ・アレグリア独自のネットワークに着目する。

①修道会のネットワーク

各国への展開の際には、創始者ベラス自身の働きかけや、現地の修道士・修道女によるベネズエラのフェ・イ・アレグリアへの活動展開要請があった[21]。ここでは、男子修道会の一つであるイエズス会をはじめ、その他の数多くの修道会のネットワークが大きな役割を果たした[22]。ペルーの場合、学校は地域の要請に応える形で、地域から土地の提供を受けて設立される。修道会はその学校の敷地内に住居を作り、学校教育以外の地域の活動や草の根の組織の支援も行った[23]。

一つの修道会が継続して学校運営に関わることで、学校の教育方針の持続性が生まれるほか、一つの修道会が複数の国で学校を運営する場合には他国での経験を生かすことができるといったメリットがある[24]。また、校長が修道会に所属する場合や外国人である場合、保護者や教員からより多くの信頼が寄せられるほか、修道会や校長の母国からの寄付が得られる[25]。こうした個々の修道会のネットワークに加えて、イエズス会がフェ・イ・アレグリアの活動の中心となり、全国レベルでの教育計画、教員研修があるため、校長が修道士・修道女の場合と世俗の場合で学校間に違いはないという意見も聞かれる[26]。ペルーの場合、フェ・イ・アレグリアの活動には、イエズス会を含む49の修道会が関与している。修道士・修道女は校長や副校長など、運営者側であることが多く、小中学校の校長のうち75％は修道士・修道女であり、25％は世俗である[27]。

②フェ・イ・アレグリアの国際・国内ネットワーク

修道会のネットワークは、フェ・イ・アレグリアに限らず、程度の差はあ

第6章　ペルーでのカトリック系国際NGOフェ・イ・アレグリアの民衆教育　153

れ修道会が運営する他の学校においても見られるものである。フェ・イ・アレグリアは上述の修道会のネットワークに加えて、1986年に創設されたフェ・イ・アレグリア国際連盟における国際的なネットワークおよび各国の本部を中心とした国内のネットワークを持つ。国際的ネットワークにおいては、毎年国際会議を開催し、情報交換や活動理念の共有を行い、各種出版物を発行している。

　各国の本部を中心とした国内のネットワークにおいては、各国の本部は教員給与の負担などについて定めた国との協定を締結し、ペルー本部の専門家による学校視察[28]、教員研修[29]、校長研修、フェ・イ・アレグリア独自のカリキュラム[30]の設定などを行っている。また資金面においても、「フェ・イ・アレグリアであること」の知名度を生かし、国内外からの寄付を集め、それをネットワーク内で分配することができる[31]。ペルーの場合、フェ・イ・アレグリア・ペルー本部の下、全国規模での宝くじ (rifa)[32] による資金集めも行われている。この国内ネットワークは、教育水準の向上に大きな役割を果たしていると言われる[33]。

　フェ・イ・アレグリアの学校の教員給与は他の公立学校教員と同等であり、金銭的インセンティブはない。しかし、上記のフェ・イ・アレグリア独自の教員研修に加えて、自分の仕事への肯定的な評価、フェ・イ・アレグリアで働くという名声、教員同士の連携の重視、といったことが、非金銭的インセンティブとして機能していると指摘されている[34]。その他にも校長研修などもあり、他の公立学校と比べて「教員を孤立させない」ことがフェ・イ・アレグリアの特徴であるという[35]。

　以上のように、フェ・イ・アレグリアの特徴は、イエズス会やその他の修道会単体の事業ではなく、イエズス会が主導的な立場を取りながら個々の修道会の垣根を越えて、複数の修道会や世俗の教員がいわば「フェ・イ・アレグリア」という一つの看板の下で、協働して学校を運営してきたことである。次に、その展開を支えた内面的な論理について、民衆教育という言葉に注目して検討する。

4. フェ・イ・アレグリアと民衆教育

フェ・イ・アレグリアは自らを「全人的な民衆教育と社会振興の運動」と位置付けており、民衆教育は活動の重要な柱である。以下では、ラテンアメリカで一般的に言われる民衆教育とフェ・イ・アレグリアの民衆教育の相違と、民衆教育という言葉を用いる論理を明らかにする。

序章、第1章で述べたように、民衆（popular）には、裕福な人々と対比する意味での貧しい人々、普通の人々といった意味が含まれる[36]。民衆教育の特徴は、教育者と学習者との水平的な関係、学習者の生活や経験・知識を題材に教育を行うこと、そして社会的・政治的な権力構造に着目し、社会構造の変革を目指すといった点が指摘されている[37]。社会変革を目指すなど政治的志向が強く、学習者の経験・知識を元にするといった特徴ゆえに、ラテンアメリカの民衆教育は成人対象のノンフォーマル教育が中心であった。

ではフェ・イ・アレグリア自体は民衆教育をどのように定義しているのか。民衆教育に関してはフェ・イ・アレグリア国際連盟の国際会議においても何度も言及されている。その中で2001年の国際会議の資料を参照すると、民衆教育とは、対象者や教育方式ではなく、変革の意志（intencionalidad transformadora）によって規定するものであり、伝統的な教育に対する代替的な運動、また社会をより民主的で公平なものにしようとするものであるとされる[38]。このように社会を変えるものとしての民衆教育を、学校教育を中心とする活動の柱としたことが、フェ・イ・アレグリアの民衆教育の捉え方の特徴と言える。

フェ・イ・アレグリアはノンフォーマル教育も行うが、なぜ同時に学校教育での民衆教育を重視してきたのか。バストス（Bastos 1981）はベラスの論考の中から、フェ・イ・アレグリアの求める教育の基本的な要素の一つとして「民衆教育を選択すること」を挙げ、これについて4点のポイントを指摘している。1点目は、人口が集中し、学校の増加と維持が容易なため、都市周辺部の貧困層居住地域で活動することである。2点目は、何百万人という民衆

に教育機会を提供するため、学校数を増加させる方針を取ることである。3点目は、民衆のニーズに合った教育を行うことである。大学進学を目的とするような教育内容はすぐに生活に活用できるものではないため、留年や中退につながる。そのため実生活ですぐに適用可能な職業教育を重視する。4点目は、既存の学校教育制度の中で民衆のための教育を行うという現実主義的な立場を取ったことである。民衆教育には二つの選択肢が存在し、一つは既存の教育制度外で完全に自由に行うものであるが、ここでは生徒が就業する上で必要となる公的な資格が得られない。もう一つの選択肢は、既存の教育制度内での民衆教育であり、フェ・イ・アレグリアはこの立場を取った[39]。

すなわち、多くの民衆教育の事例とされるノンフォーマル教育の場合、民衆が現実的に必要とする卒業資格などが得られず、生徒の将来の選択肢を狭めてしまう。そのため、フェ・イ・アレグリアは学校教育という制約の中で、学校を変えることを通して社会を変えようとしているということである。

またバストスによると、フェ・イ・アレグリアは民衆教育の文脈でしばしば見られる、社会主義やマルクス主義的な用語を意識的に避けてきた。その上で、政府を転覆させるような急進的な政治行動を取るのではなく、現在の社会という建物を、石を一つずつ取り除くように解体し、少しずつキリスト教的な新しい建物に置き換え、不公平な社会を変えていくという方針を取ってきたとされる[40]。このようにフェ・イ・アレグリアでは、民衆教育という言葉を学校教育の展開の論理として用いると同時に、キリスト教的要素を強調しながら、漸進的な社会の変化を目指した。このキリスト教的要素の強調は、活動原則における「貧者の選択」（貧しい人に対して働きかける、opción por los pobres）という文言にも反映されているが、これは先述のメデジン会議やプエブラ会議で重視されたものである[41]。また、単に学業的、経済的成功を追求するのではなく、社会的公正や人間性、倫理観を重視する教育方針とつながっていると考えられる。

以上から、フェ・イ・アレグリアの学校教育における民衆教育は、貧しい人、社会的に抑圧された人自身の教育であり、社会を変えることを目指す、

といった点は先述のラテンアメリカの民衆教育と共通する。一方で、その社会変革の方向性は、学習者の政治参加や社会的動員を強調したものではなく、漸進的なものだったのである。

5. フェ・イ・アレグリアを取り巻く環境の変化と新たな課題

(1) 学校を取り巻く環境の変化と「社会を変える」ための学校

　都市周辺部に設立されたフェ・イ・アレグリアの学校の中には、設立から数十年を経る中で、都市化の進展・拡大に伴い、現在では都市周辺部というよりはむしろ街の中心部に近いと捉えられる学校もあり、学校を取り巻く住環境・経済状況も変化してきた。1966年にペルーで最初に設立されたリマ市内のFYA03校の校長は、学校設立時と比較して保護者の経済状況が良くなり、子どもに色々と買い与えたりするが、仕事のために子どもと過ごす時間を十分に取れないなど、心理的な側面での保護者の関与は不十分だと指摘する[42]。またFYA01校では、現在は保護者が技術職に就く家庭も存在するが、数世帯が一軒の家に暮らす家庭もあり、子どもの生活環境は必ずしも良いとは言えないという指摘もある[43]。

　そうした中で、民衆教育としての「変革の意志」を育て、社会、学校周辺の地域を変えるための実際の学校現場での取り組みは、教科学習や課外活動を通じた生徒に対する教育に加え、保護者に対する教育、そして地域に開かれた学校を作るといった複数の観点から行われている[44]。

　FYA01校では、生徒に対して、地域の環境や学校周囲を取り巻く現実に関心を持たせるための取り組みが行われている。例えばごみや汚物で汚染された学校周囲の環境美化に関心を持つように、言語、算数、宗教、理科といった教科内の学習においても関連する事項を学習し、地域を変えようとする視点を育もうとしている。また、宗教教育の一環として、祈りなど宗教実践ばかり重視するのではなく、信仰の経験（experiencia de fe）を養うことを目的に、生徒が学校近隣の貧困地区へ絵本を持参し、読み聞かせ、寸劇の披露

第 6 章　ペルーでのカトリック系国際 NGO フェ・イ・アレグリアの民衆教育　157

等をする課外活動が行われている。岩山（cerros）とも呼ばれる地区一帯は、学校の背後にあり、学校から徒歩15分程度であるものの、学校からごく近い地区よりは貧しい。生徒の中には同地区から通う者もいるが、生徒の大半は学校の近隣に住み、同地区に偏見を持っていたり、無関心であったりする。この活動では、有志の生徒がグループ単位で、実際にそこに住む子どもと触れ合い、絵本の読み聞かせなどを行うことで、生徒が学校周囲を取り巻く現実に対して関心を持つようになることを目的としている。

　また、学校を取り巻く環境を変えるには生徒への働きかけだけでは不十分だとして、保護者に対しても保護者会を通じて学校運営への積極的な関与を求め、信頼関係を築くとともに、学校が雇った心理カウンセラーを中心に「親の学校」と呼ばれる会合を開いている。ここでは、子どもとのよりよいコミュニケーションの取り方を学ぶ機会を設け、家庭内暴力や複雑な親子関係などに起因する問題に取り組んでいる。また地域に対しては、日曜に周辺住民に対して信仰教育を行い、学校外よりも整備され、清潔な学校の環境を共有できるようにしている。

(2) 質の高い教育への着目

　さらに本章冒頭で述べた通り、近年フェ・イ・アレグリアは公立学校でありながら全体的な学業成績が良いという点からも注目されている。フェ・イ・アレグリアの2001年の国際会議では、「貧困層のための学校は貧弱で、貧困を再生産する傾向がある」として、より厳しい状況に置かれた人に優先的に機会を提供する積極的差別や、教育設備の充実を図る方針を取るとともに、質の高い公教育の提供が目指された[45]。ここでは教育の質の一つの側面である学業成績について、ペルーの学力テストにおけるフェ・イ・アレグリアの成績を見ていく。

　ペルーでは2006年から毎年小学2年生を対象とした全国学力調査（Evaluación Censal de Estudiantes）[46]が実施されている。全国学力調査のレベル2は当該学年で期待されるレベルに到達していること、レベル1は当該学年

で期待されるレベルに到達していないこと、レベル1未満はテストの中で最も簡単な質問に答えるのも困難であることを表している。図6-1に示すように、2011年の結果を見ると、読解、算数とも、フェ・イ・アレグリアの成績は全国レベルおよびそれよりも成績の良い都市部と比べても良いことがわかる。

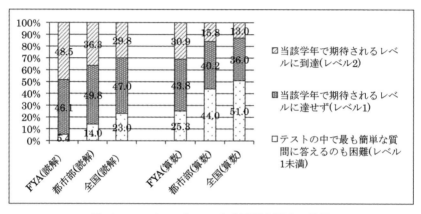

図 6―1　ペルーの2011年全国学力調査の結果

(出典：2012年10月19日フェ・イ・アレグリア・ペルー本部長ヘロニモ・オジェロス氏より入手の資料。FYAはフェ・イ・アレグリアを表す)

　また、リマの中でも貧しい地域にあり、上下水道設備もないフェ・イ・アレグリアの学校(FYA58)が、2011年以来読解のテストでリマの公立学校中最も良い成績を収めたことも報じられている[47]。こうした好成績の背景には、第3節で取り上げたネットワークの中での学校・教員への支援体制や、保護者の積極的な学校参加が指摘されている[48]。

　なお、全国学力調査の成績は学校レベルでは公表されないため、基本的に学区制のないペルーにおいて、こうした成績が直接的に保護者の学校選択に影響を与えるわけではない。むしろそれまで培われた学校の評判が、フェ・イ・アレグリアの学校への入学希望者を集めていると考えられる。フェ・イ・アレグリアの学校では入学希望者が多い場合でも、試験などによる入学

者選抜は行わず、在校生の弟妹を優先的に入学させるほか、くじなどで入学者を決定する。加えて、貧しい人に良い教育を提供するという理念から、FYA01校の場合の岩山のような特に貧困層の多い地域に一定の優先枠を設ける場合もある[49]。

入学希望者数が定員と同程度の場合、校長がすべての入学希望者の保護者と面談し、学校の教育方針への理解や教育活動への保護者の参加を確認する学校[50]や、入学時に学校の活動への協力を約束する同意書に保護者のサインを求める学校もある。このように保護者の積極的な学校参加が求められるため、子どもの教育に比較的高い関心を持つ保護者がフェ・イ・アレグリアの学校を選択している可能性が指摘されている[51]。

以上のようにフェ・イ・アレグリアは、急進的な政治行動ではなく、質の高い学校教育を通した漸進的な社会変化を目指すものとして、民衆教育という言葉を用いてきた。それと同時に、この言葉には、社会経済的に不利な地域でより多くの学校を設立し、活動を拡大させていくという論理も含まれていた。しかしながら、「アスファルトで舗装された道が途絶えるところで」始まった活動は、時間の経過や地域の発展とともに、いわばアスファルトで舗装された街で、生徒、保護者、地域に働きかけながら、さらに良い教育環境や学習成果を求めることを新たな課題として、その役割を変化させつつあると考えられる。

6. おわりに

ペルーにおいてフェ・イ・アレグリアは、既存の学校教育制度における貧困層を対象としたカトリック系学校支援の枠組みを利用し、貧困層を主な対象とした民衆教育の取り組みとして学校教育を展開してきた。フェ・イ・アレグリアのネットワークの形成と教育活動の支援体制構築の要因としては、カトリック系だからこそ可能であった部分と、カトリック系でなくても可能であった部分の相互作用があると考えられる。まず、教育や学校運営に関す

るノウハウの共有、教員研修、視察、専門家の助言に関しては、カトリック系ではなくても行うことは可能であろう。一方で、ネットワークの形成による大規模化、公費補助など国との協働関係は、カトリック系だからこそ可能であったと考えられる。また、教育上のノウハウの共有に至るための関係者の倫理観や献身的姿勢に関しては、一般の学校においても見られる可能性はあるが、これをネットワーク化するまでに至ったのは、カトリックの活動であったことが重要な要因として考えられる。

そしてフェ・イ・アレグリアの活動の展開において、上記のネットワークと両輪をなしたのが、民衆教育という理念である。フェ・イ・アレグリアによる民衆教育は、学校教育を通した漸進的な社会変革という活動拡大の論理として用いられた。この学校教育の中での民衆教育は、学校を取り巻く環境の変化と相まって、従来の学校教育やそこで再生産される文化への代替案としてのラテンアメリカの民衆教育の特徴を薄める可能性を内包してきた。しかしそれは同時に、社会を変えるという目的の下、非常に現実的な路線を選んできた結果であるとも言える。

注

1 フェ・イ・アレグリアは「全人的な民衆教育」における全人（integral）教育について、人間のあらゆる側面、可能性、能力を包含し、人や社会を歴史的文脈、知識や価値の多様性を踏まえて理解し、多様な教育様式により、生産的な生活や仕事のできる人を育てる過程と捉えている（Federación Internacional de Fe y Alegría. *Pensamiento de Fe y Alegría: documentos de los Congresos Internacionales 1984-2007*. Caracas: Federación Internacional de Fe y Alegría, 2008, p.16 より抜粋）。

2 例えば、アーノブ，ロバート・F、スティーヴン・フランツ、カルロス・アルベルト・トーレス「ラテンアメリカの教育：依存と新自由主義から開発の代替的道へ」アーノブ，ロバート・F、カルロス・アルベルト・トーレス、スティーヴン・フランツ編著、大塚豊訳『21 世紀の比較教育学：グローバルとローカルの弁証法』福村出版、2014、p.488、ハインズ，ジェフリー著、阿曽村邦昭・阿曽村智子訳、『宗教と開発：対立か協力か？』麗澤大学出版会、2010、pp.305-308 にて言及。

3 Federación Internacional de Fe y Alegría. *Estadísticas del Año 2012*. Cuadro 1.

Resumen General. (http://www.feyalegria.org/images/acrobat/FIFYA-Estadisticas-Ano2012.pdf, 2017年8月31日確認)

4 先行研究には、Swope, John y Marcela Latorre G. *Comunidades educativas donde termina el asfalto: escuelas Fe y Alegría en América Latina.* Santiago de Chile: CIDE, 1998; Alcázar, Lorena y Nancy Cieza. *Hacia una mejor gestión de los centros educativos en el Perú: el caso de Fe y Alegría (Informe Final).* Lima: Apoyo: CIES, 2002; Parra Osorio, Juan Carlos y Quentin Wodon (eds.). *Escuelas religiosas en América Latina: estudios de caso sobre Fe y Alegría.* World Bank, 2011 (http://www.feyalegria.org/images/acrobat/EstudioDeCasoSobreFyA_WB.pdf, 2017年8月31日確認); Navarro, Juan Carlos. "Publicly Financed, Privately Run Education in Peru: It Still Works." in Wolff, Laurence., Juan Carlos Navarro and Pablo González(eds.) *Private Education and Public Policy in Latin America.* Washington, D.C.: PREAL, 2005, pp.169-193; González, Rosa Amelia and Gregorio Arévalo. "Subsidized Catholic Schools in Venezuela." in *ibid.*, pp.195-226; Jaimovich, Analía V. "The Role of Central Management Structures in Public Private Partnerships: The Case of Fe y Alegría Schools in Peru." in Robertson, Susan L. et al.,(eds.). *Public Private Partnerships in Education: New Actors and Modes of Governance in a Globalizing World.* Cheltenham: Edward Elgar, 2012, pp.277-295; 工藤瞳「ペルーの宗教系民営公立校：伝統的公私協働の役割」『京都大学大学院教育学研究科紀要』第59号、2013、pp.249-261などがある。

5 Alcázar, Lorena y Nancy Cieza. 2002, *op.cit.*; Jaimovich, Analía V. 2012, *op.cit.*

6 入手可能であった1984年（第15回）から2007年（第38回）の資料（Federación Internacional de Fe y Alegría. 2008, *op.cit.* 所収）および *Revista Internacional Fe y Alegría*（第1号（2000年発行）から第15号（2014年発行）、1999年（第30回）以降の国際会議の資料）参照。いずれもフェ・イ・アレグリアの資料ウェブサイトから入手可能（http://www.feyalegria.org/es/biblioteca/congreso、2017年8月31日確認）。

7 Bastos, Alfredo. *Fe y Alegría: en el pensamiento del Padre José María Vélaz.* Caracas: Fe y Alegría, 1981; Vélaz, José María. *Colección de escritos del Fundador José María Vélaz, S.J.* (http://www.feyalegria.org/es/biblioteca/el-fundador, 2017年8月31日確認)

8 ペルーのフェ・イ・アレグリアの学校は設立順に校名に番号が振られている。

9 本章は、以下の論文を加筆、修正したものである。工藤瞳「カトリック系国際NGOフェ・イ・アレグリアのペルーにおける展開と民衆教育の論理」『比較教育学研究』第50号、2015、pp.24-44。

10　Bastos, Alfredo. 1981, *op.cit.*, pp.2-3; Federación Internacional de Fe y Alegría. *De la chispa al incendio: la historia y las historias de Fe y Alegría.* Caracas: Federación Internacional de Fe y Alegría, 1999, pp.21-32.

11　幡谷則子『ラテンアメリカの都市化と住民組織』古今書院、1999、p.12。ラテンアメリカの都市化に関わる住宅問題に関しては、同書に詳しい。

12　第 1 章参照。解放の神学に対するバチカンの対応は、松本佐保『バチカン近現代史』中公新書、2013、pp.179-183 参照。

13　Federación Internacional de Fe y Alegría. *Dónde Estamos.* (http://www.feyalegria.org/es/donde-estamos-new、2018 年 1 月 24 日確認) 各国本部の設立年と最初の学校の設立年は異なる場合がある。

14　なお、以下において特に言及がない場合、教会はカトリック教会を指し、ここに修道会まで含める。また、教会という語は国レベルでのカトリック教会を全体的に捉える場合に用い、修道会という語は、カトリック教会全体ではなく特定の修道会や具体的な行為主体を示す際に用いる。

15　皆川卓三『ラテンアメリカ教育史Ⅰ（世界教育史大系 19)』講談社、1975、pp.52-53、p.77、アンドラーデ，グスタボ「ラテンアメリカにおけるカトリック教会と国家」アンドラーデ，グスタボ・中牧弘允編『ラテンアメリカ　宗教と社会』新評論、1994、p.107。

16　大久保教宏「宗教」大貫良夫ほか監修『新版　ラテンアメリカを知る事典』平凡社、2013、p.468。

17　三輪千明「チリにおける新自由主義の教育政策の展開：政府の役割の推移に着目して」牛田千鶴編著『ラテンアメリカの教育改革』行路社、2007、p.159 注 6、González, Rosa Amelia and Gregorio Arévalo. 2005, *op.cit.*, pp.199-200.

18　Klaiber, Jeffrey. "La pugna sobre la educación privada en el Perú 1968-1980: un aspecto del debate interno en la Iglesia Católica." *Apuntes.* Vol.20, 1987, pp.35-36, p.46; 工藤瞳、2013、前掲論文、pp.250-251.

19　2012 年 10 月 25 日リマ市内 FYA01 校副校長へのインタビュー、Alcázar, Lorena y Néstor Valdivia. "Escuelas de Fe y Alegría en el Perú: análisis del modelo de gestión institucional y pedagógica y lecciones para la educación pública." en Parra Osorio, Juan Carlos y Quentin Wodon (eds.). 2011, *op.cit.*, p.51。教員の採用は、カトリック教会とペルー政府との協働学校に関する省令（RM-483-89-ED）第 11 条に基づく。

20　2012 年 10 月 19 日フェ・イ・アレグリア・ペルー本部長ヘロニモ・オジェロス（Jerónimo Olleros）氏へのインタビューによる。なおペルーの公立小・中学校は半日制の二部制授業を行うところが多く、児童・生徒の入れ替えにより校舎を共同利用する。

21 Federación Internacional de Fe y Alegría. 1999, *op.cit.* による国ごとのフェ・イ・アレグリアの沿革参照。

22 フェ・イ・アレグリアはカトリックの運動であるが、教員の大部分は世俗である。2012年の場合、全19カ国のフェ・イ・アレグリアで教員や助手として働く人々のうち、イエズス会士は91人、その他の修道士・修道女は772人、世俗の人々は40,990人であった（Federación Internacional de Fe y Alegría. *Estadísticas del Año 2012.* Cuadro 1. Resumen General.（注3と同資料））。

23 Reimers, Fernando. *Education and the Consolidation of Democracy in Latin America: Innovations to Provide Quality Basic Education with Equity. Advocacy Series Education and Development 4.* Washington, D.C.: U.S. Agency for International Development, 1993, p.14におけるフェ・イ・アレグリア・ペルー元本部長ヘスス・エレロ（本文脚注21の名字の誤りを訂正）へのインタビューによる。

24 Portocarrero S., Felipe et al. *Más allá del individualismo: el tercer sector en el Perú.* Lima: Universidad del Pacífico, 2002, pp.316-317.

25 Alcázar, Lorena y Nancy Cieza. 2002, *op.cit.*, p.30; Alcázar, Lorena y Néstor Valdivia. 2011, *op.cit.*, p.58.

26 2012年11月12日リマ市内FYA03校校長へのインタビューによる。

27 2012年10月19日フェ・イ・アレグリア・ペルー本部長ヘロニモ・オジェロス氏へのインタビューによる。

28 ペルー本部に所属する専門家が分担して、年に2回、各1週間各学校を訪問、授業観察を行い、助言し、教育内容の改善を図る（2012年10月19日フェ・イ・アレグリア・ペルー本部長ヘロニモ・オジェロス氏へのインタビューによる）。このような視察は教育当局によっても行われているものの、有用な助言が得られないとの指摘がある（Jaimovich, Analía V. 2012, *op.cit.*, p.291.）。

29 フェ・イ・アレグリアは独自に教員研修を行っており、ペルーのFYA01校の場合、その費用を学校と教員で半額ずつ負担している。公的な研修もあるが、質が低いと考えられている（2012年10月25日リマ市内FYA01校副校長へのインタビューによる）。

30 ペルーのフェ・イ・アレグリアは2001年にカリキュラムを作成し、利用している。その後2008年に教育省が全国レベルのカリキュラムを策定したが、フェ・イ・アレグリアのカリキュラムはその後も教育省のカリキュラムを補完するものとして使われている（Alcázar, Lorena y Néstor Valdivia. 2011, *op.cit.*, p.66）。

31 Jaimovich, Analía V. 2012, *op.cit.*, pp.285-287.

32 全国規模の宝くじはフェ・イ・アレグリアの資金集めとして伝統的に行われているものであり、FYA01校の場合、児童・生徒が一人当たり1枚3ソルのものを6枚買い、1枚は自分で保有し、残りは売る。くじの景品には車やコンピュー

ターなどがある。
33　Jaimovich, Analía V. 2012, *op.cit.*, pp.277-295.
34　Alcázar, Lorena y Nancy Cieza. 2002, *op.cit.*, pp.43-45.
35　2012 年 11 月 12 日リマ市内 FYA03 校校長へのインタビューによる。
36　Kane, Liam. "Community Development: Learning from Popular Education in Latin America." *Community Development Journal*. Vol.45, No.3, 2010, p.277.
37　Vío Grossi, Francisco. "Popular Education: the Latin American Experience." *International Review of Education*. Vol.30, No.3, 1984, p.307; Fink, Marcy and Robert F. Arnove. "Issues and Tensions in Popular Education in Latin America." *International Journal of Educational Development*. Vol.11, No.3, 1991, pp.221-222; Torres, Carlos Alberto. *The Politics of Nonformal Education in Latin America*. New York: Praeger, 1990, p.20.
38　Federación Internacional de Fe y Alegría. 2008, *op.cit.*, p.205.
39　Bastos, Alfredo. 1981, *op.cit.*, pp.15-18.
40　*Ibid.*, p.10.
41　Federación Internacional de Fe y Alegría. 2008, *op.cit.*, p.11.
42　2012 年 11 月 12 日リマ市内 FYA03 校校長へのインタビューによる。
43　2012 年 10 月 25 日リマ市内 FYA01 校副校長へのインタビューによる。
44　以下の活動内容は、2014 年 9 月 4 日リマ市内 FYA01 校校長インタビュー、9 月 6 日活動同行時のフィールドノートによる。
45　Federación Internacional de Fe y Alegría. 2008, *op.cit.*, pp.215-216.
46　2011 年の全国学力調査は、スペイン語を教授言語とする学校では小学 2 年生、先住民言語を母語とする異文化間二言語教育（Educación Intercultural Bilingüe）実施の学校では小学校 4 年生を対象として、公立・私立の小学校 94％、児童の 88％に実施された。小学 2 年生の試験科目は読解（Comprensión Lectora）と算数（Matemática）である (Ministerio de Educación, Oficina de Medición de la Calidad de los Aprendizajes. *Evaluación Censal de Estudiantes 2011 (ECE 2011)*. (http://umc.minedu.gob.pe/evaluacion-censal-de-estudiantes-2011-ece-2011/, 2017 年 8 月 31 日確認) 参照)。
47　"El colegio público de Lima con mejor rendimiento está en Jicamarca." *El Comercio*, (2013 年 12 月 15 日), (http://elcomercio.pe/lima/sucesos/colegio-publico-lima-mejor-rendimiento-esta-jicamarca-noticia-1673524、2017 年 8 月 31 日確認); "Orgullo, Fe y Alegría." *El Comercio*, (2014 年 1 月 6 日), (http://elcomercio.pe/politica/opinion/editorial-orgullo-fe-alegria-noticia-1682973、2017 年 8 月 31 日確認)

第 6 章　ペルーでのカトリック系国際 NGO フェ・イ・アレグリアの民衆教育　165

48　2012 年 10 月 19 日フェ・イ・アレグリア・ペルー本部長ヘロニモ・オジェロス氏へのインタビューや Alcázar, Lorena y Néstor Valdivia. 2011, *op.cit.*, pp.33-34 など。
49　2012 年 10 月 25 日リマ市内 FYA01 校副校長へのインタビューによる。
50　2012 年 11 月 12 日リマ市内 FYA03 校校長へのインタビューによる。
51　Alcázar, Lorena y Nancy Cieza. 2002, *op.cit.*, p.18, p.50; Alcázar, Lorena y Néstor Valdivia. 2011, *op.cit.*, p.63.

写真6—1　背後に岩山を望むFYA01校

写真6—2　岩山の読み聞かせ活動場所から近所の子どもを呼びに行く生徒たち

第6章　ペルーでのカトリック系国際NGOフェ・イ・アレグリアの民衆教育　167

写真6—3　読み聞かせ活動場所。「ようこそ図書館へ」と書かれているが、ここは何もない空間で生徒たちが活動日に本を持参する。

写真6—4　近所の子どもは生徒たちが運んだ本から読みたい本を選ぶ

写真6—5 読み聞かせをする生徒

写真6—6 読み聞かせ活動の最後にレクリエーションをする

終　章　民衆教育の現代的意味

　本研究の目的は、ペルーを中心に、ラテンアメリカの民衆教育という思想・実践が1980年代以降の社会の変化を受けてどのように変容したのか、また民衆教育が変容してもなお「社会を変える」ことを訴える現代的意味とは何かを考察することであった。この研究目的に対して、大きく二つの視点から分析を行った。第一の視点は、民衆教育の変容と現状について、その有効性に懐疑的な立場も含めて考察し、三つの立場から多面的に理解することであった。第二の視点は、学校教育の社会的・政策的重要性がより増す中で、民衆教育が変容してもなお可能な民衆教育の形とは何かを検討することであった。以下、本書で明らかになったことを述べ、上記の二つの視点から民衆教育の現代的意味を考察する。

1.　民衆教育の変容と現状の捉え方

　第1章で述べたように、ラテンアメリカの民衆教育は、一般的には1960年代以降、ブラジルの教育者パウロ・フレイレの議論と結びついた実践として捉えられている。ただし民衆教育を広義に捉える考え方もあり、この場合、19世紀のラテンアメリカ各国の独立後、民衆、すなわち差別を受けてきた先住民や教育機会のない貧困層への初等教育普及や、1920年代に各地で現れた労働者らのためのノンフォーマル教育機関である民衆大学にその萌芽が見られるとされる。その背景には、ラテンアメリカにおける植民地時代以来

の社会経済的な格差、少数の特権層が富を占有していることに異議を申し立てる思想的潮流や社会運動の存在があった。

　1960年代以降、民衆教育はフレイレの教育思想や、従属論、解放の神学の影響を受けながら、支配・抑圧された階級としての民衆が、社会の中に内在する支配と抑圧の権力関係を認識し、それを変えていく社会的・政治的主体となることが目指された。上記の理論や思想においては、貧困層が置かれた状況、あるいはより広く発展途上国が置かれた低開発の原因が、個々の人や国の努力不足にあるのではなく、社会や経済の従属的な構造にあるとし、その構造を転換することの必要性が訴えられた。20世紀半ば以降、ラテンアメリカ各国で農村から都市への大規模な人口移動が始まり、移住した人々による居住環境の改善運動や互助的な活動が行われるとともに、彼らを支える教会やNGOの活動が行われるようになった。民衆教育は上記のような社会構造の問題を訴える社会理論が隆盛した時代に、労働者のサークルや都市周辺部の大衆居住区、農村部において取り組まれた。具体的な学習過程においては、学習者が生活する環境や社会的文脈、学習者が抱える身近な問題に潜む権力関係を明らかにし、労働組合や住民組織を通じて異議申し立てをすることで問題を解決する糸口を探った。1980年代までは、マルクス主義の影響を受け、学習者の社会経済的な困難に焦点を当てること、労働者階級を組織化・意識化することが重視された。そして社会構造の変革によって問題解決を目指すことが有効だと考えられていた。

　しかし、1980年前後に始まるラテンアメリカ各国の民主化や独裁政権の崩壊、1980年代以降の新自由主義的経済政策の導入、冷戦構造の崩壊といった社会の変化を受け、民衆教育においても、民主主義の中でいかに社会をより公正なものにするかという点が重視されるようになった。このような変化を受けて、本書では民衆教育の現状に対する認識として、次の三つの立場があると考えた。まず民衆教育は現在も存在する、テーマが広がったとする立場（維持・発展論者）である。維持・発展論者の立場はラテンアメリカにおける国際的な連携に基づいているが、これに対してペルーの教育制度・政策の

現状と民衆教育との関連において、民衆教育は消滅、あるいは制度に包摂されたという立場（制度包摂論者）、民衆教育から受け継ぐ思想・活動はあるが、それらは民衆教育とは別のものであるとする立場（限界論者）の二つがあると考えた。上記三つの立場から民衆教育の現状を多面的に理解することを試み、考察した結果、民衆教育は次のように変容したことが明らかになった。

(1) テーマの拡張、政治的・急進的な側面の希薄化

　第2章で取り上げたCEAALのような維持・発展論者は、従来の民衆教育では、政治経済的観点から階級間の対立に焦点を当て、権力の奪取による社会変革を目指す議論が中心であったが、特に1990年代以降、先住民、ジェンダー、市民権、人権、環境といったテーマを取り上げるようになっており、これらを踏まえてもなお民衆教育と言いうるという立場を取っている。そして文化や学習主体の多様性を尊重し、上記の新たなテーマに関わる様々な社会的不公正の問題に対して民衆教育が貢献できるということを、国際成人教育協議会（ICAE）やドイツ民衆大学連盟の国際協力組織DVV Internationalといった団体と連携し、国際的に発信していくアドヴォカシー活動を展開している。このようにCEAALによるとラテンアメリカの民衆教育は、「社会を変える」という目的や、学習者が直面する現実を出発点とし、現実を批判的に捉えるといった性質を維持している。それと同時に、必ずしも政治的要素を強調したり、社会における政治・権力構造の変更を絶対的な目標とするのではなく、学校教育や教育政策に影響を及ぼすことを重視し、これらを通じた漸進的な社会の変化や、ジェンダー等のアイデンティティの問題、個人がより身近に直面する問題に関与し、その状況を批判的に読み解く力の育成を目指す側面がより強くなった。

(2) 制度化・学校化

　次に、社会の変化は民衆教育と教育制度・政策との関わりにどのような変化をもたらしたのか、ペルーを事例に考察した結果を示す。第3章で述べた

ように、ペルーでは1972年に軍事政権下で制定された総合教育法において、特権階級に支配された伝統的な社会構造を批判し、人々の意識化と社会構造の変革を理念とする、民衆教育と共鳴する教育改革が目指された。しかし、イデオロギー性の強い改革に対する軍部保守派の警戒や予算不足、軍の権威主義的な手法に対する教育関係者の抵抗により改革は頓挫した。1970年代から1980年代には、都市周辺に位置する大衆居住区を中心に、草の根レベルの居住環境改善の活動と結びついた民衆教育の活動が取り組まれた。そうした活動に関与していた運動家らが、1980年代になると左翼小政党の連合組織である統一左翼を中心に政治参加をし、学校教育の改善を求めるようになった。統一左翼において教育政策提案の中心を担っていたグロリア・ヘルフェルは、1990年に教育大臣を務めたが、1992年にフジモリ大統領が議会を閉鎖し憲法を停止した後、教育研究者らと非営利団体フォロ・エドゥカティーボを組織し、在野の立場から教育政策提案を行うようになった。フジモリ政権は1990年に選挙で政権を取ったものの、自ら憲法を停止したことや、再選を一度に限り認めた1993年憲法を強引に解釈して大統領に三選したこと、テロリズム鎮圧の過程で軍による人権侵害があったことなどが厳しく批判された。そのため同政権からの移行には民主主義の復活が期待された。フォロ・エドゥカティーボの関係者らは、フジモリ政権退陣後の2003年に制定された総合教育法やその後の国家教育計画策定の中心を担った。2003年の総合教育法では、民主主義的な学校文化を育むことや、国レベルの国家教育計画に加えて、保護者や地域の関係者も参加して学校・地域・州の各レベルで、それぞれの事情に応じた分権的な教育計画を策定することとされた。民衆教育で重視された市民社会の参加や、学習者中心で地域の事情に根ざした教育を目指すといった要素は、教育政策の中に取り入れられるようになった。

　民衆教育は一般的な学校教育や教育政策ではカバーできなかった部分を対象とするとともに、学校教育の限界や課題がどこにあるのか、教育における公正性をいかに担保するのかを問うものであった。しかし結局そうした課題

終　章　民衆教育の現代的意味　173

は、教育を通して得られる学歴や資格の価値が高いゆえに、ノンフォーマルな教育活動で得られる資格への互換性の付与や、学校の中での民衆教育的な思想や実践の導入を通して、学校教育や教育制度の内部に組み込まれるようになった。第3章で取り上げた制度包摂論者は、このようなペルーの教育状況の変化、経済成長に伴って、民衆教育を主導的に担った組織への外国からの資金援助が減少し、民衆教育としての活動は見られなくなったとする[1]。他方、社会的公正や民主主義の重視、環境教育、先住民文化の尊重、学習者の生活環境に応じた教育などは政策においても推進されており、内容や思想的に完全に一致するものではないにしても、維持・発展論者の主張する民衆教育と近づいている。また2003年総合教育法の理念において、学校を含む教育制度全体が、学習者を中心とし、学習者のニーズに応じた教育を提供することや、教育計画への学校関係者の参加が重視されるようになった。第5章で取り上げたマントックの学校の校長は、教育省による2005年の全国カリキュラム計画 (Diseño Curricular Nacional、2008年改訂) や2010年の教員の指導手引き (Rutas de Aprendizaje) なども、教員による一方的な教授を行うのではなく、生徒の経験を重視する方向性を示しており、民衆教育と国の教育政策が近づいていると指摘する[2]。

(3) 民衆教育の価値観が持つ限界

　ペルーの2003年総合教育法では、従来民衆教育と呼ばれたノンフォーマルな教育活動は、共同体教育の名の下に受け継がれた。ただし共同体教育政策の関係者は民衆教育の限界を指摘しており、本書ではこの立場を民衆教育限界論者と捉えた。第4章で見たように、先住民の権利や文化的多様性への関心の高まりは、西洋近代的な価値観に基づく開発や発展の思想に疑問を投げかけている。共同体教育関係者は、共同体教育は歴史的には民衆教育から影響を受けているものの、民衆という言葉が過度に政治的 (特に社会変革志向が強いもの) であり、自分たちの思想とは相いれないものと捉えている。彼らによると、民衆教育はあくまで西洋近代的な価値観に基づき、産業社会の枠

組みの範囲内で行われており、自然や社会を変化させる対象として捉える。これに対してアンデス・アマゾンの価値観では、自然や社会は自分たちの共同体の一部であり、変化させる対象ではない。同じ先住民でも、都市の住民であったり企業などから経済的に不当な扱いを受ける場合などには、状況を変える必要性を訴えるであろう。しかし特に文化の伝承などに関しては、民衆教育とは相いれない部分があることが明らかになった。

　以上の三つの立場の見解から明らかになった民衆教育の変容と現状は、次のようにまとめられる。民衆教育は、「社会を変える」という目標や、学習者の直面する現実を重視するという点は維持している。しかし、階級概念を重視し、政治・権力構造の変更を絶対的な目標とするのではなく、学習者が身近に直面するアイデンティティの問題や、学校教育や教育政策に影響を及ぼすことを重視するようになった。また、民衆教育で扱うテーマが、政治経済的なものから先住民、ジェンダー、市民権、人権、環境といったものへと拡張するとともに、民衆教育の政治的・急進的な側面は希薄化した。一方で、かつて民衆教育として行われたノンフォーマルの教育実践や権威主義的な学校教育の否定といった民衆教育の思想が教育制度・政策内に取り込まれ、民衆教育の制度化・学校化とも言える状況が生じた。ただし、民衆教育として扱うテーマが拡張する一方で、民衆教育はそもそも西洋近代的な価値観に基づき、「社会を変える」ことを目指していると指摘される。そのため、民衆教育の価値観とは相いれない先住民社会の価値観があること、すなわち民衆教育が拠って立つ価値観が持つ限界を見えなくしている面があることが明らかになった。

2. 民衆教育を取り入れた学校での実践

　民衆教育の活動が行われたペルーの都市周辺部の大衆居住区などは、学校教育もまた多くの課題を抱えた地域であった。しかしそうした地域では近年、

住民の所得水準の向上や公立学校不信、子どもの教育の重要性への認識の高まりから、単なるフォーマルな教育機会の普及に留まらず、より高い水準の教育を求め、私立学校を選択する傾向が高まっている。これには1990年代に行われた私立学校設立の規制緩和も拍車をかけている。個々の学校内では、カリキュラムなどを通じて民衆教育が批判したような権威主義を排除し、より民主主義的な学校文化を築くことが目指されている。しかしながら学校教育制度全体に目を向けると、学校間での教育の質の差の拡大や、それによって教育が社会的不平等を再生産する傾向が強まることが危惧されている。その一方で、第5章で取り上げたマントックのように、公立学校からもこぼれ落ちた生徒を引き受ける取り組みや、第6章で取り上げたフェ・イ・アレグリアのように、公立学校の制度内でより良い教育を提供しようとする取り組みが、学校教育における民衆教育として取り組まれてきた。

　働く子どもの運動マントックの場合は、カトリック系の労働青年団体JOCに参加していた青年によって生まれ、都市周辺部の働く子どもを組織化するとともに、彼らの抱える教育の問題に取り組んできた。子どもの居住地域で行われるグループ活動では、働く子どもが抱える身近な問題について話し合う。そして彼らの中から地域レベル、州レベル、全国レベルで代表者を選出して会議を開催し、彼らが主体的に活動して宣言などを発信する。一般的な政治的意思決定から排除される人々（子ども）が主体的に問題解決を目指す、という点で民衆教育からの影響を受けた。またマントックが運営する学校では、就労や年齢超過、経済的理由から一般の学校に通えない、通わない子どもを受け入れ、彼らの日常生活に密着した柔軟で実践的なカリキュラムを提供するという点でも民衆教育の影響を受けた。

　フェ・イ・アレグリアの場合には、民衆教育とは対象者や教育方式によってではなく社会を変革しようとする意志によって規定されるものであり、社会をより民主的で公平なものに変えていくための教育と捉えた。ペルーでは、貧困層の多い地域においてカトリック系の団体が公立学校を設立・運営できる制度を利用して、学校教育を大規模に展開した。これにより、生徒が公的

な卒業資格を得て将来の選択肢を広げ、そこから漸進的に社会を変えていくことを目指した。フェ・イ・アレグリアの学校の活動の中では、生徒の身近にある環境問題を教科横断的に学んだり、生徒が近隣の地域へのボランティア活動を行うことで学校を取り巻く環境を変えていこうとする活動が、民衆教育として取り組まれている。なお、フェ・イ・アレグリアの学校は都市周辺部の貧困な地域に設立されることが多いが、ペルーで最初の学校が設立されてから半世紀以上が経過する中で、教育的配慮が行き届き、学習到達度の高い学校としても注目されている。

　以上の民衆教育に影響を受けた学校教育の実践では、公的な資格が得られないというノンフォーマルの民衆教育の弱点を克服し、就労や年齢超過、経済的理由といった課題を抱える子どもに教育機会を提供することが目指された。そしてその中で、生徒が身近に直面する問題や学校を取り巻く環境の改善に生徒が取り組むこと、身近な問題をカリキュラムに取り入れるといったことが民衆教育に影響を受けた要素として挙げられた。学校におけるこれらの実践では、民衆教育の典型的な特徴とされた政治的な要素は見られず、非政治的な民衆教育が実施されている。

3. 民衆教育の現代的意味

　これまでに見てきた本研究の分析の第一の視点と第二の視点を踏まえて、民衆教育の現代的意味について考察する。

　維持・発展論者が主張する拡張した民衆教育においては、環境やジェンダー、市民権、先住民といったテーマとの関連が重視され、民衆教育としての固有性が見出されにくくなる。こうした民衆教育の政治的側面、急進的な側面の希薄化は、民衆教育とその他の教育実践や理論との区別を一層曖昧なものにした。一方で、むしろ民衆教育という広く知られた言葉を使うからこそ、学校教育を超えた社会問題と教育との関連や、社会的弱者のエンパワーメントの重要性を、ラテンアメリカ域内だけでなく域外の教育者とも共有す

終　章　民衆教育の現代的意味　177

ることができる意義がある。この意味において、ラテンアメリカの民衆教育は、社会的に排除された人々の政治的な意識化を求める理論としての重要性を失っていない。加えて、維持・発展論者の主張において、社会をより公正で民主的なものにすることに関しては、国際的な教育に関する目標や教育政策と一致している。他方で、格差を拡大しないような経済モデルを目指すことや、教育の商業化に反対するといった一歩踏み込んだ主張に関しては、教育への民間部門の参入や管理・評価の結果に基づく資源分配を進めようとする新自由主義的な政策に対して警笛を鳴らすという意義がある。ただし、限界論者から指摘されたように、民衆教育とは相いれない文化も存在すること、すなわちテーマの拡張が無限に許容されるわけではないことに自覚的になる必要もあると考えられる。

　学校教育との関連では、制度包摂論者の立場に見たように、民衆教育的な要素が教育制度に包摂される中でも、民衆教育が本来持っていた教育制度や政策に対する批判的機能を維持し、有効な代替案を提示できるかどうかが問われている。フェ・イ・アレグリア・ペルー本部のマリア・ロメロは、民衆教育が左翼的であることから近年は敬遠され、廃れている、という意見があることに対して、「社会を変えるためには左派でなければならない。現状を維持したいのではなく、変えたいのだから」と述べた。また教育省は学校設立の規制緩和等を通して教育機会の提供を民間に肩代わりさせようとしていると批判した[3]。民衆教育におけるキーワードである「社会を変える」という目的の具体的な中身は当事者に委ねられており、また民衆教育が具体的な社会構造の変革にまでは結びつかなかったとされる。しかし、ロメロの意見にあるように、現状に対する批判の表出や、学校教育の市場化を進めるのではなく、貧困層などの社会的弱者の教育に責任を持つという意味での政府の役割の再定義を求めることに、「社会を変える」ことを訴える民衆教育の現代的意味がある。

　それでは、民衆教育がどこまで変容すると、民衆教育ではなくなるのだろうか。民衆教育は理論や思想が先にあって、それを現実に当てはめるための

教育ではなく、教育運動でもあり、思想と実践が往還するものであるため、明確な判断基準を示すことは難しい。つまり思想であれ実践であれ、本人たちが民衆教育だと言えば、それを否定することは適切ではないからである。しかし少なくとも次の3点は言えると考える。なお、これらは具体的な実例に即したものではなく、仮定として考えた。

　第一に、個人の幸福や利益、社会的上昇だけを教育の目標とした場合は民衆教育ではなくなると考えられる。現在はアイデンティティを議論のテーマとして扱う民衆教育があるとはいえ、やはりそれを個々人の問題に還元するのではなく、社会構造の問題として位置付ける点が民衆教育の特徴だからである。第二に、既存の教育制度に対する批判的機能を失った場合も民衆教育とは言えないだろう。教育の市場化・民営化が進む現状において実現可能性は低いが、もし政府が貧困層などの社会的弱者に十分な教育機会を提供し、マントックやフェ・イ・アレグリアのようなNGOの役割が完全に取って代わられるようになった時には、その活動における民衆教育という用語は、1960年代から1980年代を回顧する象徴的で懐古的な意味に留まることになるのかもしれない。第三に、学習者による自分の置かれた状況の理解から始めることと関連して、学習者の関心や日常生活からかけ離れた内容が学習の中心になった場合も考えられる。これは学校教育の場合には、必ずしも日常生活に関連する事項だけを扱うわけにはいかないので難しい部分もある。しかし、カリキュラム開発を過度に中央集権的なものにするのではなく、現場主体で自律的な学校運営ができ、カリキュラムの現場裁量を大きくすれば、マントックやフェ・イ・アレグリアのようにすることが可能になると考えられる。

　一般的に、ラテンアメリカの民衆教育の最盛期は1960年代から1980年代にかけてであったと捉えられているが、その背景には20世紀初頭の先住民や労働者等に対する教育の思想があり、都市部と農村部や富裕層と貧困層の間の格差といった当時の社会構造の問題があった。民衆教育が政治的に穏健化し、その思想や実践が政策的に取り入れられることは、民衆教育という運

動がその目的を達成し、いわば発展的解消に向かうものとして肯定的に評価できる。ただし現実には、ラテンアメリカの民衆教育が社会の構造的な問題を背景とする限り、その解決は容易ではない。したがって、より公正で民主主義的に「社会を変える」ことを求める教育思想や実践は、それを民衆教育と呼ぶか否か、学校教育の外で行うか否かにかかわらず、今後も受け継がれていくであろう。

注

1　2014年11月10日リマ市内でのリカルド・クエンカ（Ricardo Cuenca）氏へのインタビュー時のフィールドノート。
2　2015年10月6日カハマルカ市内でのマントックの学校アレックス・メディナ（Alex Medina）校長へのインタビューによる。
3　2014年12月2日リマ市内フェ・イ・アレグリア・ペルー本部でのマリア・ロメロ（María Romero）氏へのインタビューによる。

引用文献

日本語文献

アーノブ, ロバート・F、スティーヴン・フランツ、カルロス・アルベルト・トーレス「ラテンアメリカの教育：依存と新自由主義から開発の代替的道へ」アーノブ, ロバート・F、カルロス・アルベルト・トーレス、スティーヴン・フランツ編著、大塚豊訳『21世紀の比較教育学：グローバルとローカルの弁証法』福村出版、2014、pp.467-500。

青木芳夫、アンヘリカ・パロミーノ＝青木「日本語・ケチュア語語彙集」『奈良大学紀要』第33号、2005、pp.35-50。

新木秀和『先住民運動と多民族国家：エクアドルの事例研究を中心に』御茶の水書房、2014。

アンドラーデ, グスタボ「ラテンアメリカにおけるカトリック教会と国家」アンドラーデ, グスタボ・中牧弘允編『ラテンアメリカ　宗教と社会』新評論、1994、pp.103-123。

今井圭子「経済」大貫良夫ほか監修『新版　ラテンアメリカを知る事典』平凡社、2013、pp.456-460。

牛田千鶴「社会変革過程としての識字教育」『神戸市外国語大学外国学研究』第34号（否定されてきたアイデンティティの再発見：ニカラグアにおける多様性の模索）、1996、pp.51-86。

牛田千鶴「ニカラグアにおける『民衆教育』以後の社会状況と教育実践」牛田千鶴編『ラテンアメリカの教育改革』行路社、2007、pp.181-199。

江原裕美「開発と教育の歴史と担い手」江原裕美編『開発と教育：国際協力と子どもたちの未来』新評論、2001、pp.35-100。

江原裕美「ラテンアメリカ：植民地遺制と経済社会構造による格差に挑戦する国々」佐藤学・澤野由紀子・北村友人編著『揺れる世界の学力マップ』明石書店、2009、pp.223-250。

大串和雄『軍と革命：ペルー軍事政権の研究』東京大学出版会、1993。

大串和雄『ラテンアメリカの新しい風：社会運動と左翼思想』同文舘出版、1995。

大久保教宏「宗教」大貫良夫ほか監修『新版　ラテンアメリカを知る事典』平凡社、2013、pp.467-468。

太田美幸『生涯学習社会のポリティクス：スウェーデン成人教育の歴史と構造』新評論、2011。

大貫良夫ほか監修『新版　ラテンアメリカを知る事典』平凡社、2013。

大屋定晴「ラテンアメリカにおける批判的知の形成：パウロ・フレイレ、民衆教育から世界社会フォーラムへ」『唯物論研究年誌』第15号、2010、pp. 130-152。

岡田勇「中央アンデス諸国の先住民運動：アイデンティティによる組織化の比較」村上勇介・遅野井茂雄編著『現代アンデス諸国の政治変動：ガバナビリティの模索』明石書店、2009、pp.137-160。

岡田勇『資源国家と民主主義：ラテンアメリカの挑戦』名古屋大学出版会、2016。

小倉英敬『アンデスからの暁光：マリアテギ論集』現代企画室、2002。

小倉英敬『ラテンアメリカ1968年論』新泉社、2015。

遅野井茂雄「ペルー革命：軍による改革で変わる社会」細谷広美編著『ペルーを知るための66章』（第2版）明石書店、2012、pp.161-165。

遅野井茂雄「アプラ」大貫良夫ほか監修『新版　ラテンアメリカを知る事典』平凡社、2013a、pp.31-32。

遅野井茂雄「ゴンサレス・プラダ」大貫良夫ほか監修『新版　ラテンアメリカを知る事典』平凡社、2013b、p.175。

ガドッチ，モアシル著、里見実・野元弘幸訳『パウロ・フレイレを読む：抑圧からの解放と人間の再生を求める民衆教育の思想と実践』亜紀書房、1993。

ガドッチ，モアシル著、野元弘幸訳「ラテンアメリカにおける民衆教育の歴史と思想」江原裕美編『内発的発展と教育：人間主体の社会変革とNGOの地平』新評論、2003、pp.355-382。

川窪百合子「ペルーの働く子どもたち：社会変化の担い手としての子どもの位置付けとその葛藤」『PRAÇA』第12号、2000、pp.37-45（前編）、第13号、2001、pp.4-17（後編）。

北野収『南部メキシコの内発的発展とNGO：グローカル公共空間における学び・組織化・対抗運動』勁草書房、2008。

クシアノビッチ，アレハンドロ著、五十川大輔編訳『子どもと共に生きる：ペルーの「解放の神学」者が歩んだ道』現代企画室、2016。

グティエレス，G著、関望・山田経三訳『解放の神学』岩波現代選書、1985。

工藤瞳「ペルーにおける2003年総合教育法の制定経緯と意義」『京都大学大学院教育学研究科紀要』第57号、2011a、pp.627-639。

工藤瞳「ペルーにおける子どもの働く権利を求める運動：その教育活動とラテンアメリカの思想・実践との関連」『比較教育学研究』第43号、2011b、pp.112-130。

工藤瞳「ペルーにおける教育の地方分権化の過程と課題」『京都大学大学院教育学研究科紀要』第58号、2012、pp.143-154。

工藤瞳「ペルーの宗教系民営公立校：伝統的公私協働の役割」『京都大学大学院教育

学研究科紀要』第59号、2013、pp.249-261。
工藤瞳「ペルーの学校教育における正規性・非正規性」『アジア教育研究報告』第13号(特集　途上国の中等学校等の多様化と正規性・非正規性に関する国際比較研究)、2014、pp.71-81。
工藤瞳「カトリック系国際NGOフェ・イ・アレグリアのペルーにおける展開と民衆教育の論理」『比較教育学研究』第50号、2015、pp.24-44。
国本伊代・中川文雄編『ラテンアメリカ研究への招待(改訂新版)』新評論、2005。
小林致花「サパティスタ民族解放軍」大貫良夫ほか監修『新版　ラテンアメリカを知る事典』平凡社、2013、p.182。
斉藤泰雄「ペルー教育の現状と課題」『ペルー国別援助研究会報告書』国際協力事業団、1998、pp.114-130。
斉藤泰雄「ラテンアメリカにおける学力国際比較調査：概況と関心の焦点」『国立教育政策研究所紀要』第138集、2009、pp.143-156。
佐々木直美「チョロ：都市のインディオ」黒田悦子・木村秀雄編、綾部恒雄監修『世界の先住民族：ファースト・ピープルズの現在　第8巻　中米・カリブ海、南米』明石書店、2007、pp.222-235。
柴田修子「サパティスタ自治区における実践：自治学校を事例として」『社会科学』第44巻第2号、2014、pp.53-73。
高橋均「アプラとマリアテギ：1920年代のペルー急進主義」細谷広美編著『ペルーを知るための66章』(第2版)明石書店、2012、pp.137-141。
田村梨花「NGOによる教育実践と子どものエンパワーメント：ブラジルの事例から」篠田武司・宇佐見耕一編『安心社会を創る：ラテン・アメリカ市民社会の挑戦に学ぶ』新評論、2009、pp.175-201。
田村梨花「(コラム27)ブラジルの民衆教育」丸山英樹・太田美幸編著『ノンフォーマル教育の可能性：リアルな生活に根ざす教育へ』新評論、2013、pp.180-185。
辻豊治「マリアテギ思想の先駆性と可能性：ホセ・カルロス・マリアテギ」今井圭子編『ラテンアメリカ：開発の思想』日本経済評論社、2004、pp.91-105。
恒川惠市「IV　二十世紀後半の南アメリカ　第1章　総説」増田義郎編『ラテン・アメリカ史II　南アメリカ』山川出版社、2000、pp.384-389。
恒川惠市「政治」大貫良夫ほか監修『新版　ラテンアメリカを知る事典』平凡社、2013a、pp.451-454。
恒川惠市「政治(ブラジル)」大貫良夫ほか監修『新版　ラテンアメリカを知る事典』平凡社、2013b、pp.568-570。
友枝啓泰「トゥパック・アマルー」大貫良夫ほか監修『新版　ラテンアメリカを知る事典』平凡社、2013、p.252。
永井健夫「『統合』を鍵とした生涯学習」香川正弘・鈴木眞理・佐々木英和編『よくわかる生涯学習』ミネルヴァ書房、2008、pp.46-47。

二井紀美子「ブラジル民衆識字教育運動の形成に関する一考察：カトリック教会の果たした役割に注目して」『日本社会教育学会紀要』第40号、2004、pp.111-120。

二井紀美子『ブラジル民衆教育研究：パラノア文化発展センターにみる運動の組織化と参加者の変容を中心に』名古屋大学大学院教育発達科学研究科2007年度博士論文、2008。

二井紀美子「ブラジルの生涯学習：1985年民政移管後の民衆教育を中心に」『生涯学習・キャリア教育研究』第5号、2009、pp.17-26。

二井紀美子「ブラジルにおける大学拡張と地域社会：ブラジリア大学と民衆教育の関係から」『浜松学院大学研究論集』第6号、2010、pp.109-126。

野元弘幸「ブラジルにおける民衆教育運動の現在：労働者党市政下サン・パウロ市における『民衆公教育』の試み」新海英行・牧野篤編著『現代世界の生涯学習』大学教育出版、2002、pp.286-298。

ハインズ、ジェフリー著、阿曽村邦昭・阿曽村智子訳『宗教と開発：対立か協力か？』麗澤大学出版会、2010。

幡谷則子『ラテンアメリカの都市化と住民組織』古今書院、1999。

原田金一郎「従属論」大貫良夫ほか監修『新版　ラテンアメリカを知る事典』平凡社、2013、p.202。

針塚瑞樹「『子どもの労働体験』と『児童労働』」『国際教育文化研究』第7号、2007、pp.37-48。

ヒックリング＝ハドソン，アン「ポストコロニアルな変革における成人教育・コミュニティ教育の役割を考えるためのリテラシー論」アーノブ，ロバート・F、カルロス・アルベルト・トーレス、スティーヴン・フランツ編著、大塚豊訳『21世紀の比較教育学：グローバルとローカルの弁証法』福村出版、2014、pp.337-369。

廣田裕之「補完通貨と地域の再生：南米諸国の例から学ぶ」篠田武司・宇佐見耕一編『安心社会を創る：ラテン・アメリカ市民社会の挑戦に学ぶ』新評論、2009、pp.249-268。

ファーブル，アンリ著、染田秀藤訳『インディヘニスモ：ラテンアメリカ先住民擁護運動の歴史』白水社文庫クセジュ、2002。

フレイレ，パウロ著、里見実・楠原彰・桧垣良子訳『伝達か対話か：関係変革の教育学』亜紀書房、1982。

フレイレ，パウロ著、里見実訳『希望の教育学』太郎次郎社、2001。

フレイレ，パウロ著、三砂ちづる訳『新訳　被抑圧者の教育学』亜紀書房、2011。

ベリマン，フィリップ著、後藤政子訳『解放の神学とラテンアメリカ』同文舘出版、1989。

細谷広美「歴史とポストコロニアル：ペルー、ウチュラハイ村事件と先住民族のテロ経験」遅野井茂雄・村上勇介編『JCAS連携研究成果報告7：現代ペルーの社会

変動』国立民族学博物館　地域研究企画交流センター、2005、pp.53-89。
細谷広美「多様な人種構成と自然環境：コスタ・シエラ・セルバ」細谷広美編著『ペルーを知るための66章』（第2版）、明石書店、2012、pp.224-231。
細谷広美編著『ペルーを知るための66章』（第2版）明石書店、2012。
増田義郎「ラテンアメリカ　総論」大貫良夫ほか監修『新版　ラテンアメリカを知る事典』平凡社、2013、pp.422-423。
増田義郎・柳田利夫『ペルー　太平洋とアンデスの国：近代史と日系社会』中央公論新社、1999。
松久玲子「1980－1990年ニカラグアにおけるサンディニスタ政権下の民衆教育」『同志社外国文学研究』第62号、1992a、pp.149-178。
松久玲子「ニカラグアの教育システム分析：チャモロ政府の教育方針の転換に関する考察」『同志社外国文学研究』第63号、1992b、pp.32-79。
松久玲子「ラテンアメリカにおける女性を対象としたノンフォーマル教育」『同志社外国文学研究』第66号、1993、pp.54-89。
松久玲子「ニカラグア：チャモロ政権の教育改革と成人教育」『ラテンアメリカ研究年報』第14号、1994、pp.254-280。
松本佐保『バチカン近現代史』中公新書、2013。
マリアテギ、ホセ・カルロス著、原田金一郎訳『ペルーの現実解釈のための七試論』柘植書房、1988。
丸山英樹・太田美幸編著『ノンフォーマル教育の可能性：リアルな生活に根ざす教育へ』新評論、2013。
皆川卓三『ラテンアメリカ教育史Ⅰ（世界教育史大系19）』講談社、1975。
皆川卓三『ラテンアメリカ教育史Ⅱ（世界教育史大系20）』講談社、1976。
三輪千明「チリにおける新自由主義の教育政策の展開：政府の役割の推移に着目して」牛田千鶴編著『ラテンアメリカの教育改革』行路社、2007、pp.139-160。
村上勇介『フジモリ時代のペルー：救世主を求める人々、制度化しない政治』平凡社、2004。
村上勇介「中央アンデス三カ国の政党：制度化の視点からの比較研究」村上勇介・遅野井茂雄編著『現代アンデス諸国の政治変動：ガバナビリティの模索』明石書店、2009、pp.87-136。
ユニセフ（国連児童基金）『1997年世界子供白書』ユニセフ駐日代表事務所、1996。
乗浩子『宗教と政治変動：ラテンアメリカのカトリック教会を中心に』有信堂高文社、1998。
乗浩子「解放の神学」大貫良夫ほか監修『新版　ラテンアメリカを知る事典』平凡社、2013、pp.100-101。

外国語文献

Alcázar, Lorena y Nancy Cieza. *Hacia una mejor gestión de los centros educativos en el Perú: el caso de Fe y Alegría (Informe Final)*. Lima: Apoyo: CIES, 2002.

Alcázar, Lorena y Néstor Valdivia. "Escuelas de Fe y Alegría en el Perú: análisis del modelo de gestión institucional y pedagógica y lecciones para la educación pública." en Parra Osorio, Juan Carlos y Quentin Wodon (eds.). *Escuelas religiosas en América Latina: estudios de caso sobre Fe y Alegría*. World Bank, 2011, pp.49-76.

Alfaro Moreno, Rosa María. *De la conquista de la ciudad a la apropiación de la palabra: una experiencia de educación popular y comunicativa con mujeres*. Lima: Tarea, 1987.

Alforja. *Técnicas participativas para la educación popular Tomo I. 10.ª edición*. Lima: Tarea, 2008.

Arnove, Robert F. *Education and Revolution in Nicaragua*. New York: Praeger Publishers, 1986.

Austin, Robert. "Popular History and Popular Education: El Consejo de Educación de Adultos de América Latina." *Latin American Perspectives*. Vol.26, No.4, 1999, pp.39-68.

Bastos, Alfredo. *Fe y Alegría: en el pensamiento del Padre José María Vélaz*. Caracas: Fe y Alegría, 1981.

Bourdillon, Michael., Ben White, and William Myers. "Re-assessing Minimum-age Standards for Children's Work." *International Journal of Sociology and Social Policy*. Vol. 29, No.3/4, 2009, pp.106-117.

Boyden, Jo. "National Policies and Programs for Child Workers: Peru." in Bequele, Assefa and Jo Boyden(eds.). *Combating Child Labour*. Geneva: ILO. 1988, pp.195-216.

Boyden, Jocelyn. "Working Children in Lima, Peru." in Myers, William. E. (ed.). *Protecting Working Children*. London: Zed Books Ltd. in association with UNICEF, 1991, pp.24-45.

Carnoy, Martin and Carlos Alberto Torres. "Education and Social Transformation in Nicaragua, 1979-1989." in Carnoy, Martin and Samoff, Joel et al. *Education and Social Transition in the Third World*. Princeton: Princeton University Press, 1990, pp.315-357.

Castro, Augusto. *Reconstruir y educar: tareas de la nación, 1885-1905 (Colección Pensamiento Educativo Peruano Vol. 7)*. Lima: Derrama Magisterial, 2013.

Castro, Augusto. *Una educación para re-crear el país, 1905-1930 (Colección Pensamiento Educativo Peruano Vol. 8)*. Lima: Derrama Magisterial, 2013.

CELADEC (Comisión Evangélica Latinoamericana de Educación Cristiana). "Elementos para una sistematización de la educación popular en el Perú."(Original: 1980) en Sime, Luis (compilador). *Aportes para una historia de la educación popular en el Perú.* Lima: Tarea, 1990, pp.29-37.
Céspedes, Nélida. "Tarea revista de educación y cultura." *TAREA.* N°50, 2001, p.44.
Chacaltana, Juan. "Manthoc, un movimiento de niños y niñas trabajadores del Perú." *NATs Revista Internacional desde los Niños y Adolescentes Trabajadores.* N°5-6, 2000, pp.65-98.
Chiroque, Sigfredo y Denis Sulmont. "Educación popular en debate."(Original: 1985) en Sime, Luis (compilador). *Aportes para una historia de la educación popular en el Perú.* Lima: Tarea, 1990, pp.51-101.
Comisión de Educación de Izquierda Unida. "Historia de la educación: lucha por la hegemonía cultural y política en el Perú." en Sime, Luis (compilador). *Aportes para una historia de la educación popular en el Perú.* Lima: Tarea, 1990, pp.103-112.
Consejo Nacional de Educación. *Consejo Nacional de Educación: balance y perspectivas 2002-2008.* Lima: Consejo Nacional de Educación, 2008.
Coombs, Philip H. with Roy C. Prosser and Manzoor Ahmed; Barbara Baird Israel (ed.). *New Paths to Learning: For Rural Children and Youth.* New York: Prepared for UNICEF by International Council for Educational Development, 1973.
Cuenca, Ricardo. *Cambio, continuidad y búsqueda de consenso, 1980-2011 (Colección Pensamiento Educativo Peruano Vol.15).* Lima: Derrama Magisterial, 2013.
Cussiánovich, Alejandro. *Ensayos sobre infancia: sujeto de derechos y protagonista.* Lima: Ifejant, 2006.
Cussiánovich, Alejandro. *Aprender la condición humana: ensayo sobre pedagogía de la ternura.* Lima: Ifejant, 2007.
Cussiánovich, Alejandro. "Notas para un ensayo sobre los aportes del MANTHOC en treinta años de vida al pensamiento social sobre infancia." *NATs Revista Internacional desde los Niños y Adolescentes Trabajadores.* N°16, Lima: Ifejant, 2008, pp.21-35.
Cussiánovich, Alejandro. *Paradigma del protagonismo.* Lima: Infant, 2010.
Cussiánovich, Alejandro. "Reflexiones a propósito de la consolidación de la Educación Comunitaria en el Perú." en Ministerio de Educación. *II Encuentro Nacional de Educación Comunitaria 2014: Desarrollando Educación Comunitaria desde la diversidad.* Lima: Ministerio de Educación, 2014, pp.106-112.
CVR (Comisión de la Verdad y Reconciliación). *Informe Final.* Lima: CVR, 2003.
Eguren, Mariana. "Educación y participación: enfoques y prácticas promovidos desde el

Estado, la sociedad civil y las escuelas." en Montero, Carmen ed. *Escuela y participación en el Perú: temas y dilemas*. Lima: IEP, 2006, pp.43-127.

Federación Internacional de Fe y Alegría. *De la chispa al incendio: la historia y las historias de Fe y Alegría*. Caracas: Federación Internacional de Fe y Alegría, 1999.

Federación Internacional de Fe y Alegría. *Pensamiento de Fe y Alegría: documentos de los Congresos Internacionales 1984-2007*. Caracas: Federación Internacional de Fe y Alegría, 2008.

Fernández Fernández, Benito. "Educación popular y diversidad cultural: desafíos emergentes." *La Piragua*. N°39, 2014, pp.25-45.

Fink, Marcy and Robert F. Arnove. "Issues and Tensions in Popular Education in Latin America." *International Journal of Educational Development*. Vol.11, No.3, 1991, pp.221-230.

Galdo Gutiérrez, Virgilio. *Visión histórica de la educación peruana (etapa republicana)*. Lima: Fondo Editorial de la Asamblea Nacional de Rectores, 2012.

García-Huidobro, Juan Eduardo. *Aportes para el análisis y la sistematización de experiencias no-formales de educación de adultos*. Santiago de Chile: UNESCO. Oficina Regional de Educación para América Latina y el Caribe, 1980.

Gómez, Malcela y Adriana Puiggrós. *La educación popular en América Latina: antología 1*. México, D.F.: Secretaría de Educación Pública: Ediciones El Caballito, 1986.

Gonzalez, Osmar. *Nueva escuela para una nueva nación, 1919-1932 (Colección Pensamiento Educativo Peruano Vol.10)*. Lima: Derrama Magisterial, 2013.

González, Rosa Amelia and Gregorio Arévalo. "Subsidized Catholic Schools in Venezuela." in Wolff, Laurence., Juan Carlos Navarro and Pablo González(eds.) *Private Education and Public Policy in Latin America*. Washington, D.C.: PREAL, 2005, pp.195-226.

Haboud, Marleen et al. "Linguistic Human Rights and Language Revitalization in Latin America and the Caribbean." in Coronel-Molina, Serafín M. and Teresa L. McCarty (eds.). *Indigenous Language Revitalization in the Americas*. New York: Routledge, 2016, pp.201-223.

Iguiñiz Echeverría, Manuel. *Política educativa y democracia en el Perú*. Lima: Fondo Editorial de la Facultad de Ciencias Sociales, UNMSM: Tarea, 2005.

Iguiñiz Echeverría, Manuel. "Descentralización educativa: una apuesta de TAREA." *TAREA*. N°85, 2014, pp.66-71.

Iguiñiz Echeverría, Manuel. *Foro Educativo y el sistema educativo peruano (Encuentro Internacional de Educación: Prefectura del Municipios de Osasco- San Pablo)*. n.d. (http://www.foroeducativo.org/index.php/welcome/documentos、2010 年11 月17 日確認)

Iguiñiz, Manuel y Arturo Miranda. *La educación de los ciudadanos: política educativa en Lima Metropolitana*. Lima: Tarea, 2011.
Iguiñiz Echeverría, Manuel y Daniel del Castillo Carrasco. *Materiales para pensar la descentralización educativa*. Lima: Tarea, 1995.
ILO (International Labour Office), IPEC (International Programme on the Elimination of Child Labour). *Marking progress against child labour: Global estimates and trends 2000-2012*. Geneva: ILO. 2013. (OIT (Oficina Internacional del Trabajo), IPEC (Programa Internacional para la Erradicación del Trabajo Infantil). *Medir los progresos en la lucha contra el trabajo infantil: estimaciones y tendencias mundiales entre 2000 y 2012*. Ginebra: OIT, 2013).
INEI (Instituto Nacional de Estadística e Informática). *Censos Nacionales 2007*. (http://censos.inei.gob.pe/Censos2007/IDSE/、2017年8月29日確認)
INEI. *Estado de la población peruana 2015*. (http://www.inei.gob.pe/media/MenuRecursivo/publicaciones_digitales/Est/Lib1251/Libro.pdf, 2017 年 8 月 31 日確認)
INEI. *Perú: Características sociodemográficas de niños, niñas y adolescentes que trabajan, 2015. Encuesta Nacional Especializada de Trabajo Infantil (ETI)*. Lima: INEI, 2017.
IPEBA (Instituto Peruano de Evaluación, Acreditación y Certificación de la Calidad de la Educación Básica). *Educación a lo largo de la vida: medios de articulación en el sistema educativo peruano*. Lima: IPEBA, 2011.
Jaimovich, Analía V. "The Role of Central Management Structures in Public Private Partnerships: The Case of Fe y Alegría Schools in Peru." in Robertson, Susan L. et al.,(eds.). *Public Private Partnerships in Education: New Actors and Modes of Governance in a Globalizing World*. Cheltenham: Edward Elgar, 2012, pp.277-295.
Jara, Oscar. "Aproximaciones a un balance de la educación popular en el Perú."(Original: 1980)en Sime, Luis (compilador). *Aportes para una historia de la educación popular en el Perú*. Lima: Tarea, 1990, pp.17-28.
Jara, Oscar. "Los desafíos de los procesos de educación popular en el contexto actual." *La Piragua*. Nº40, 2014, pp.5-11.
Jarvis, Peter. *International Dictionary of Adult and Continuing Education*. London: Kogan Page, 1999.
Kane, Liam. *Popular Education and Social Change in Latin America*. London: Latin American Bureau, 2001.
Kane, Liam. "La educación popular vista 'desde muy lejos'." *La Piragua*. Nº21, 2004, pp.65-70.

Kane, Liam. "Community Development: Learning from Popular Education in Latin America." *Community Development Journal*. Vol.45, No.3, 2010, pp.276-286.

Kaplún, Mario. *Hacia nuevas estrategias de comunicación en la educación de adultos*. Santiago de Chile: UNESCO/OREALC, 1983.

Klaiber, Jeffrey. "La pugna sobre la educación privada en el Perú 1968-1980: un aspecto del debate interno en la Iglesia Católica." *Apuntes*. Vol.20, 1987, pp.33-52.

La Belle, Thomas J. *Nonformal education in Latin America and the Caribbean*. New York: Praeger Publishers, 1986.

LLECE. *Informe de resultados Terce. Cuadernillo Nº2 logros de aprendizaje*. Santiago de Chile: UNESCO, 2015.

López, Luis Enrique y Wolfgang Küper. "La educación intercultural bilingüe en América Latina: balance y perspectivas." *Revista Iberoamericana de Educación*. Nº20, 1999, pp.17-85.

Lovisolo, Hugo. "Educación popular: modernidad y conciliación." *La Piragua*. Nº6, 1993, pp.9-16.

MANTHOC Equipo de Colaboradores Docentes. *La educación como derecho de los niños, niñas y adolescentes trabajadores MANTHOC: propuesta pedagógica educación, trabajo y escuela productiva*. Lima: MANTHOC, 2010.

Matos Mar, José. *Perú: estado desbordado y sociedad nacional emergente*. Lima: Universidad Ricardo Palma Centro de Investigación, 2012.

McGinn, Noel and Susan Street. "Educational Decentralization: Weak State or Strong State?" *Comparative Education Review*. Vol.30, No.4, 1986, pp.471-490.

Mejía, Marco Raúl. "¿Resucita el modelo de la educación como formación del capital humano?: la educación popular frente a la capacitación." *La Piragua*. Nº4, 1992, pp.29-38.

Mejía, Marco Raúl. "Las tareas de la refundamentación: la educación popular hoy." *La Piragua*. Nº6, 1993, pp.17-29.

Ministerio de Educación. *La otra educación...: marco general para la construcción de la Educación Básica Alternativa*. Lima: Ministerio de Educación, 2005.

Ministerio de Educación. *Documento nacional de lenguas originarias del Perú*. Lima: Ministerio de Educación, 2013.

Ministerio de Educación. *II Encuentro Nacional de Educación Comunitaria 2014: Desarrollando Educación Comunitaria desde la diversidad*. Lima: Ministerio de Educación, 2014.

Montero, Carmen ed. *Escuela y participación en el Perú: temas y dilemas*. Lima: IEP, 2006.

Movimiento Pedagógico José Antonio Encinas. *Educando también estamos luchando*.

Lima: CIDE: Tarea, 1987.

Muñoz, Fanni., Ricardo Cuenca y Patricia Andrade. *Descentralización de la educación y municipalidades: una mirada a lo actuado*. Lima: Foro Educativo, 2007.

Navarro, Juan Carlos. "Publicly Financed, Privately Run Education in Peru: It Still Works." in Wolff, Laurence., Juan Carlos Navarro and Pablo González (eds.) *Private Education and Public Policy in Latin America*. Washington, D.C.: PREAL, 2005, pp.169-193.

OECD. *PISA 2015 Results (Volume I): Excellence and Equity in Education*. Paris: PISA, OECD Publishing, 2016.

Oliart, Patricia. *Políticas educativas y la cultura del sistema escolar en el Perú*. Lima: IEP: TAREA, 2011.

Oliart, Patricia. *Educar en tiempos de cambio, 1968-1975 (Colección Pensamiento Educativo Peruano Vol.13)*. Lima: Derrama Magisterial, 2013.

Palma, Diego. "Los desafíos de la educación en América Latina: la agenda vista desde la educación popular." *La Piragua*. Nº4, 1992, pp.3-6.

Palomino, Eduardo. *Educación peruana: historia, análisis y propuestas*. Lima: Pro Educación, 1993.

Parra Osorio, Juan Carlos y Quentin Wodon (eds.). *Escuelas religiosas en América Latina: estudios de caso sobre Fe y Alegría*. World Bank, 2011 (http://www.feyalegria.org/images/acrobat/EstudioDeCasoSobreFyA_WB.pdf, 2017年8月31日確認)

Portocarrero S., Felipe et al. *Más allá del individualismo: el tercer sector en el Perú*. Lima: Universidad del Pacífico, 2002.

Post, David. *Children's Work, Schooling, and Welfare in Latin America*. Boulder, Colorado: Westview Press, 2002.

Puiggrós, Adriana. *La educación popular en América Latina: orígenes, polémicas y perspectivas (Segunda edición)*. México D.F.: Editorial Nueva Imagen, 1988.

Reimers, Fernando. *Education and the Consolidation of Democracy in Latin America: Innovations to Provide Quality Basic Education with Equity. Advocacy Series Education and Development 4*. Washington, D.C.: U.S. Agency for International Development, 1993.

Rengifo Vásquez, Grimaldo. *La enseñanza es estar contento: educación y afirmación*. Lima: PRATEC, 2003.

Rengifo Vásquez, Grimaldo. "La cultura educativa de la comunidad: cosmovisión y producción de conocimientos en el medio andino-amazónico." *TAREA*. Nº72, 2009, pp.54-57.

Rengifo Vásquez, Grimaldo. *Aproximación a una concepción rural andino-amazónica sobre la educación comunitaria en el Perú. Saberes y aprendizajes (Informe de consultoría presentado a DIECA).* Lima, 26 de octubre de 2012.

Rivero, José. "Aportes centrales del movimiento de la educación popular." *La Piragua.* Nº21, 2004, pp.57-61.

Rivero, José. *Educación, docencia y clase política en el Perú.* Lima: Tarea, 2007.

Rivero, José. *Inventarios educativos y prolegómenos de reforma, 1956-1968 (Colección Pensamiento Educativo Peruano Vol.12).* Lima: Derrama Magisterial, 2013.

Roberts, Kenneth M. *Deepening Democracy?: The Modern Left and Social Movements in Chile and Peru.* Stanford: Stanford University Press, 1998.

Schech, Susanne and Jane Haggis. *Culture and Development: A Critical Introduction.* Oxford: Blackwell Publishers Ltd, 2000.

Schibotto, Giangi. *Niños trabajadores: construyendo una identidad.* Lima: MANTHOC, 1990.

Schönwälder, Gerd. *Linking Civil Society and the State: Urban Popular Movements, the Left, and Local Government in Peru, 1980-1992.* University Park: Pennsylvania State University Press, 2002.

Sime, Luis (compilador). *Aportes para una historia de la educación popular en el Perú.* Lima: Tarea, 1990.

Sime, Luis. *Los discursos de la educación popular: ensayo crítico y memorias.* Lima: Tarea, 1991.

Solís Acosta, Luis. "El pensamiento pedagógico de Augusto Salazar Bondy: una reflexión." en Mendo Romero, José Virgilio (compilador). *Desde nuestras raíces: maestros del Perú para la educación del futuro.* Lima: Fondo Editorial del Pedagógico San Marcos, 2009, pp.184-216.

Swift, Anthony. "El movimiento nacional de niños y adolescentes trabajadores organizados del Perú (MNNATSOP)." *NATs Revista Internacional desde los Niños y Adolescentes Trabajadores.* Nº5-6, 2000, pp.99-173.

Swope, John y Marcela Latorre G. *Comunidades educativas donde termina el asfalto: escuelas Fe y Alegría en América Latina.* Santiago de Chile: CIDE, 1998.

Torres, Carlos Alberto. *The Politics of Nonformal Education in Latin America.* New York: Praeger, 1990.

Torres Carrillo, Alfonso. "Ires y venires de la educación popular en América Latina." *La Piragua.* Nº18, 2000, pp.19-29.

Torres Carrillo, Alfonso. "Coordenadas conceptuales de educación popular desde la producción del CEAAL (2000 a 2003)." *La Piragua.* Nº20, 2004, pp.18-61.

Torres Carrillo, Alfonso. *La educación popular: trayectoria y actualidad.* Bogotá, D. C.: Editorial El Búho, 2007.

Torres Carrillo, Alfonso. "Educación popular y nuevos paradigmas: desde la producción

del CEAAL entre 2004 y 2008." *La Piragua.* N°28, 2009, pp.5-27.
Tovar, Teresa. *Reforma de la educación: balance y perspectivas.* Lima: DESCO, 1985.
Trapnell, Lucy y Virginia Zavala. *Dilemas educativos ante la diversidad, siglos XX-XXI (Colección Pensamiento Educativo Peruano Vol.14).* Lima: Derrama Magisterial, 2013.
UNESCO/OREALC. *Apoyo regional al plan nacional de alfabetización y educación popular de Bolivia: informe final La Paz, 10-18 noviembre 1983.* Santiago de Chile: UNESCO/OREALC, 1984.
Valdiviezo, Laura. "Bilingual Intercultural Education in Indigenous Schools: An Ethnography of Teacher Interpretations of Government Policy." *International Journal of Bilingual Education and Bilingualism.* Vol.12, No.1, 2009, pp.61-79.
Vargas, Laura y Graciela Bustillos. *Técnicas participativas para la educación popular. Tomo II. (6.ª edición)* Buenos Aires: Editorial Lumen-Hvmanitas, 1997.
Vélaz, José María. *Colección de escritos del Fundador José María Vélaz, S.J.* (http://www.feyalegria.org/es/biblioteca/el-fundador、2017年8月31日確認)
Vío Grossi, Francisco."Popular Education: the Latin American Experience." *International Review of Education.* Vol.30, No.3, 1984, pp.303-314.
Wiggins, Noelle."Critical Pedagogy and Popular Education: Towards a Unity of Theory and Practice."*Studies in the Education of Adults.* Vol.43, No.1, 2011, pp.34-49.
Wolseth, Jon and Florence E. Babb. "Introduction: Youth and Cultural Politics in Latin America." *Latin American Perspectives.* Vol.35, No.4, 2008, pp.3-14.
Zapata, Antonio. *Militarismos y maestros indigenistas, 1933-1956 (Colección Pensamiento Educativo Peruano Vol. 11).* Lima: Derrama Magisterial, 2013.

〈ウェブサイト〉(特記したもの以外は2018年1月24日確認)
外務省　http://ww.mofa.go.jp/mofaj/index.html
Acuerdo Nacional.　http://acuerdonacional.pe/
CEAAL　http://www.ceaal.org
Dirección de Educación Comunitaria y Ambiental. "Una breve historia de la Educación Comunitaria." http://www2.minedu.gob.pe/educam/dieca/index.php?edu=comunitaria&wp=infogeneral&wps=historia (2015年1月30日確認)
El Comercio.　http://elcomercio.pe/
ESCALE (ペルー教育省統計).　http://escale.minedu.gob.pe
Federación Internacional de Fe y Alegría.　http://www.feyalegria.org/es
INEI (ペルー国立統計情報庁).　https://www.inei.gob.pe/
MANTHOC.　http://www.manthoc.org.pe/
Ministerio de Educación, Oficina de Medición de la Calidad de los Aprendizajes (ペルー

教育省学習の質測定所）http://umc.minedu.gob.pe/
TAREA.　http://tarea.org.pe/
UNESCO Institute for Statistics.　http://data.uis.unesco.org/
Universidad Nacional Mayor de San Marcos. Biblioteca Central. Augusto Salazar Bondy. Pensamiento filosófico y educativo. (サンマルコス大学中央図書館、アウグスト・サラサール・ボンディ、哲学・教育思想)
　　　http://sisbib.unmsm.edu.pe/Exposiciones/Salazar_bondy/default.html
World Bank. Data Bank. World Development Indicators.
　　　http://databank.worldbank.org/data/reports.aspx?source=world-development-indicators

あとがき

　本書の執筆に至るまでに、多くの方々にお世話になった。この場をお借りしてお礼を申し上げたい。

　京都大学大学院教育研究科の杉本均先生には、学部生向けの講義やゼミを通じて比較教育学の面白さを教えていただき、私が京都を離れた後も継続的に博士論文へのご指導をいただいた。南部広孝先生には、論文の構成から文章表現の細部に至るまで、修士課程進学時から拙稿に対して多くのご指導をいただいた。お二人のご専門がアジアであったことで、比較教育学の観点から見て、自分が研究するペルーやラテンアメリカ地域の教育の何が特徴的で何が凡庸であるのかを、常に意識することとなった。西平直先生には博士論文の審査をお引き受けいただき、教育思想、教育人間学の観点からご指摘・ご助言をいただいた。

　帝京大学の江原裕美先生には日本学術振興会特別研究員（PD）として受け入れていただき、ラテンアメリカのNGOやその連合体の研究や、政治経済情勢の変化を踏まえた上で教育について分析する際のアドバイスをいただいた。国立教育政策研究所で長年ラテンアメリカ地域の教育を研究されてきた斉藤泰雄先生には、ご多忙の中博士論文草稿に目を通していただき、多くの建設的なコメントをいただいた。また、ペルー政治をご専門とする村上勇介先生が京都大学にいらっしゃったことは、ペルーをテーマにした学部の卒業論文に取り組んでいた私にとって非常に幸運なことであった。村上先生には、ペルー政治や社会について教えていただくとともに、ペルー問題研究所（IEP）や教育学研究者をご紹介いただいた。

ペルーでは、長年にわたり本書第5章で取り上げた働く子どもの運動と関わってきた写真家の義井豊氏に大変お世話になった。アレハンドロ・クシアノビッチ氏には、働く子どもの運動から共同体教育まで様々な機会に繰り返しインタビューに応じていただいた。クシアノビッチ氏の著書を翻訳した五十川大輔氏と響子氏ご夫妻には、2008年の初めてのペルー渡航の際から、文字通りリマの大衆居住区の歩き方を教えていただいた。ペルー教育省のメンナ・サラサール（Menna Salazar）氏には、代替的基礎教育や共同体教育に関していつも最新の情報を教えていただき、教育省内で私の関心のある分野の担当の方々にインタビューしたり、学校を訪問する便宜を何度も図っていただいた。お一人お一人のお名前を挙げることはできないが、インタビューに応じていただいた多くの方々、授業や課外活動を観察させていただいたマントックやフェ・イ・アレグリアの関係者の方々にもお礼を申し上げたい。

また、リマの故・佐藤花子さんのペンションで過ごしたこと、戦前からの日系人の暮らしについてうかがったことや、カハマルカのマントックが運営する宿を起点にマントックの学校だけでなく公立・私立・夜間・週末の様々な学校を訪問したこと、同年代の友人を得られたことは、本書の内容に直接的には反映されていないものの、現在までに縁あっていくつかの大学でスペイン語講師をさせていただいたり、ペルー社会について考え、研究を構想する上で、かけがえのない経験となっている。

京都大学大学院教育学研究科比較教育学研究室の先輩・後輩の方々には、論文や申請書の書き方、渡航調査の方法、個人的な細々とした相談事など、大変お世話になった。京都市内を望む研究室で議論や意見交換できたこと、またそれができる先輩・後輩を得られたことは、非常に恵まれたことであった。

本書に関する現地調査や資料収集を行う上では、下記の科学研究費補助金の助成を受けた。
・平成22〜24年度日本学術振興会科学研究費補助金特別研究員奨励費「ペ

ルーにおける児童労働擁護の思想的背景」
・平成26〜28年度日本学術振興会科学研究費補助金特別研究員奨励費「ペルーの学校教育における民衆教育の受容―その理念と実践」

　本書は、京都大学総長裁量経費・若手研究者出版助成事業の助成を受けて刊行された。また本書は、筆者が京都大学大学院教育学研究科に提出した博士学位請求論文「ペルーにおける民衆教育の変容と学校での受容に関する研究」（平成28年11月学位授与）に、加筆・修正を行った上で刊行したものである。以下は、各章の初出一覧である。

　第3章「ペルーにおける2003年総合教育法の制定経緯と意義」『京都大学大学院教育学研究科紀要』第57号、2011、pp.627-639。
　第5章「ペルーにおける子どもの働く権利を求める運動：その教育活動とラテンアメリカの思想・実践との関連」『比較教育学研究』第43号、2011、pp.112-130。
　第6章「カトリック系国際NGOフェ・イ・アレグリアのペルーにおける展開と民衆教育の論理」『比較教育学研究』第50号、2015、pp.24-44。

　その他の章は書き下ろしであるが、序章、第2章は日本比較教育学会大会で、第4章は日本ラテンアメリカ学会の東日本研究部会で口頭発表を行い、批判的検討やご助言をいただいた。
　本書の刊行をお引き受けいただいた株式会社東信堂の下田勝司社長に感謝申し上げる。
　最後に、長い学生生活とポスドク期間の博士論文執筆がいつ終わるのかと不安を抱きながら見守ってくれた家族に感謝したい。
　　　2018年1月

工藤　瞳

事項索引

【あ行】

アイマラ語　16
新しい社会運動　13, 56
アプラ（アメリカ人民革命連合、APRA）　74-75
アマゾン、熱帯雨林地域　9, 16, 88, 102, 105-109, 113, 128, 174
アルゼンチン　5, 32, 55, 74, 150
アンデス、山岳地域　6, 9, 16, 63, 81-82, 104-109, 113, 128, 134, 174
イエズス会　86, 147, 149, 152-153
意識化　5, 19, 34-36, 41-42, 45-46, 53, 56, 78, 80, 82, 91, 107, 110, 170, 172, 177
維持・発展論者　8-10, 14, 53, 64, 110, 112-113, 170-171, 173, 176-177
異文化間二言語教育（→二言語教育）
インディヘニスモ　74-75, 90
エクアドル　6, 55, 63, 150
NGO　4, 6, 8-12, 14-15, 36, 39, 41, 54, 59-61, 63, 69, 74, 80-81, 84, 100, 102- 104, 110-111, 113, 123, 128, 147, 151, 170, 178

【か行】

海岸地域（ペルー、コスタ）　6, 16, 128
階級、階級闘争　4, 11-12, 32, 37, 44-46, 56, 60, 74-76, 79-80, 83, 100, 113, 170-172, 174
解放の神学　4, 34-35, 40, 45, 128-129, 150, 170
学力調査　4, 157-158
カトリック・アクション　39-40
カハマルカ　102, 124-125, 134-135, 137
観察―判断―行動　40, 107
技術生産教育、技術生産教育施設（CETPRO）　102, 105, 117, 119
規制緩和（学校設立）　90, 175, 177
キューバ　33-34, 43
教育投資促進法　90
共同体教育　9-10, 15, 88, 91, 99-106, 109-113, 117-119, 173
キリスト教基礎共同体　34, 40, 46
キリスト教青年労働者（JOC）　40, 79, 129-130, 138, 175
グレナダ　43
軍事政権（ペルー、ベラスコ政権）　5, 9, 15, 17, 19, 73-74, 76, 78-79, 86, 101, 172
ケチュア語　16, 63, 87, 104
限界論者　8-10, 15, 99, 112-113, 171, 173, 177
国際成人教育会議（CONFINTEA）　61, 69, 70
国民的合意（Acuerdo Nacional）　86
国家教育計画（Proyecto Educativo Nacional）　89, 172
国家教育審議会（Consejo Nacional de Educación）　85, 89
コラボラドール、コラボラドーレス（マントック）　124, 132, 134
ゴンサレス・プラダ民衆大学　33, 74, 100

【さ行】

サパティスタ、サパティスタ民族解放軍（メキシコ）　55, 64
参加（型）民主主義　56, 61, 63, 70
サンディニスタ（ニカラグア）　12, 35, 42-43, 56
サンパウロ　13, 39, 57
サン・フアン・デ・ミラフローレス地区　81, 124, 134
サンマルコス大学　74, 76

識字、識字教育　8, 11-12, 21-22, 34-35, 38, 40, 44-46, 57, 61, 63, 69-70, 75, 78, 80-81, 83, 86, 107, 133
識字、識字教育（ニカラグア）42-43, 56
ジェンダー　8-9, 37, 56, 60-64, 69-70, 79, 82, 88, 99, 103-104, 113, 171, 174, 176
児童労働　123-128, 131, 138
資本主義　10, 38, 55, 62, 83
市民社会　9, 15, 56, 59, 73-74, 84-86, 88-91, 103-104, 106, 172
社会主義　62, 83, 155
就学率　20-21, 128
州教育局（DRE）　iv, 119
従属論　34-35, 45-46, 76, 170
修道会　148, 151-153
植民地　3, 33, 45, 128, 150, 169
真実和解委員会（CVR）　87
新自由主義　8, 13, 53, 55-56, 58, 63, 85, 170, 177
進歩のための同盟　34, 75
スマック・カウサイ　63, 104
成人、成人教育　3, 8-11, 13, 21, 31, 35, 38-39, 42-43, 46, 56-57, 64, 78, 88-89, 105, 113, 133, 135, 148, 154
生成語　35-36, 56
制度包摂論者　8-10, 14, 73, 113, 171, 173, 177
世界社会フォーラム　13
全国社会動員促進機構（SINAMOS）　79
先住民　3-6, 8-10, 12, 14, 16, 22, 32-34, 37-38, 44-46, 55-56, 60, 62-65, 74-75, 78, 82-83, 86-88, 99, 101-104, 106, 108, 111-113, 123, 128, 150, 169, 171, 173-174, 176, 178
センデロ・ルミノソ　6, 86-87, 101
総合教育法（1972年）　5, 19, 77-78, 80, 91, 172
総合教育法（1982年）　19, 78, 80, 87

総合教育法（2003年）　9, 15, 19, 74, 86-89, 99, 101, 103, 105, 117, 135, 172-173
ソシオドラマ　40

【た行】

大衆居住区　17, 80-81, 83, 90, 124, 130, 170, 172, 174
代替的基礎教育　9, 15, 19-20, 88-89, 101-102, 105, 112, 135
地域教育部（UGEL）　119, 137-138, 151
テロ　6, 85-87, 90, 101, 172
統一左翼　83-84, 101, 172
トゥパック・アマル革命運動（MRTA）　6
都市周辺部　4-5, 10, 17, 31, 34, 37, 43, 46, 75, 78-79, 86, 100, 123, 128, 147, 149, 154, 156, 170, 174-176
土地なし農民運動（ブラジル）　55
トレド政権　82, 86

【な行】

ニカラグア　12, 33, 35, 42-44, 46, 54, 56, 150
二言語教育、異文化間二言語教育　44, 62, 78, 84, 86, 101, 105, 111-112, 116
ノンフォーマル、ノンフォーマル教育　3, 8, 11-13, 31, 39, 46, 75, 82, 88, 103-105, 112-113, 133, 147-148, 154-155, 169, 173-174, 176

【は行】

働く子ども　40, 88, 105, 123, 125-127, 129, 130-136, 138, 175
パニアグア暫定政権　86, 89
非識字（→識字、識字教育）
フェ・イ・アレグリア　11, 15, 124, 137, 147-160, 175-178

フェ・イ・アレグリア国際連盟　148, 153-154
プエブラ会議　150, 155
プエブロ・ホベン　17, 128
フォロ・エドゥカティーボ　84-86, 89, 172
フジモリ政権、フジモリ大統領　83-85, 90, 101, 172
普通基礎教育　9, 19-20, 89-90
ブラジル　3, 5, 11-13, 35, 40, 42, 44, 55, 57, 62, 150, 169
プロタゴニスモ　131-132
文化相互性（interculturalidad）、文化相互的　60-61, 63, 69, 116
ベネズエラ　147, 149-150, 152
ベラウンデ政権　18, 78, 130
ベラスコ、ベラスコ政権（→軍事政権（ペルー、ベラスコ政権））
ペルー基礎教育評価・認定・保証機関（IPEBA）　74, 103, 105
ボリビア　6, 16, 44, 55, 59, 63, 150

【ま行】

マルクス主義　4, 8, 33, 46, 53, 56, 59, 75, 83, 150, 155, 170
マントック　11, 15, 123-125, 127-139, 173, 175, 178
民衆運動　37, 61, 79, 128, 130-131
民衆食堂　80-81, 130
民衆大学（ラテンアメリカ）　33, 74-75, 169
民衆大学（北欧、フォルケホイスコーレ）　13
民主化、民政移管　4-5, 8, 46, 55, 58, 73, 78, 80, 91, 170
民主化、民政移管（ペルー）　17, 74, 78, 80, 83, 130
民主主義　12, 38, 58-62, 69, 80, 83-84, 88, 170, 172-173, 175
メキシコ　33, 55-56, 64, 124
メデジン会議　35, 150, 155
モラレス政権（モラレス・ベルムデス、フランシスコ）　78-79

【ら行】

ラジオドラマ　81
ラテンアメリカ・カリブ民衆教育協議会（CEAAL）　8, 10-11, 14-15, 53-54, 58, 60-65, 70, 99, 110, 171
ラテンアメリカ司教協議会（CELAM）　35, 150
ラ・ピラグア　54, 58-59, 61, 69
リマ　16-18, 102, 123-125, 128, 131, 133-135, 137, 156, 158
リマ首都圏　16, 90
レギア政権、レギア大統領　18, 33, 75
連帯経済　61-62, 70
労働運動、労働組合、労働者　5, 13, 33- 34, 40, 43, 46, 56-57, 60, 74-75, 79, 82, 86, 90, 100-101, 129, 131, 136, 169-170, 178
ロールプレイ　40-41

【A-Z】

CEAAL（→ラテンアメリカ・カリブ民衆教育協議会）
Ifejant　9, 105, 125
IPEBA（→ペルー基礎教育評価・認定・保証機関）
JOC（→キリスト教青年労働者）
PRATEC　9, 105
TAREA　8, 12, 61, 79, 82, 84

人名索引

アヤ・デ・ラ・トレ，ビクトル・ラウル 74
イギニス，マヌエル 82-83
イリッチ，イヴァン 76
クエンカ，リカルド 8, 84, 89
クシアノビッチ，アレハンドロ 9, 105-106, 108-109, 125, 127-129, 132-134, 138
ケイン，リアム 7, 12, 54, 60, 64
サラサール・ボンディ，アウグスト 76
セスペデス，ネリダ 8, 61-62
トゥパック・アマル 83
トレス，アルフォンソ 11, 39, 54, 59, 63
トレス，カルロス・アルベルト 8, 38
フレイレ，パウロ 3-4, 8, 10-11, 13, 15, 21, 32, 34-36, 39-40, 44-45, 53, 57-58, 76, 78, 90, 106-108, 169, 170
ベラス，ホセ・マリア 147-150, 152
ヘルフェル，グロリア 83-85, 87-88, 90, 172
マリアテギ，ホセ・カルロス 75
モラレス，リカルド 86, 89
レンヒフォ，グリマルド 9-10, 106-110

著者紹介

工藤瞳(くどう　ひとみ)

1986年生まれ。京都大学教育学部卒業。京都大学大学院教育学研究科博士後期課程研究指導認定退学。博士(教育学)。比較教育学専攻。日本学術振興会特別研究員(DC1)、同(PD)などを経て、現在、専修大学ほか非常勤講師。

主な論文

「カトリック系国際NGOフェ・イ・アレグリアのペルーにおける展開と民衆教育の論理」(『比較教育学研究』第50号、2015年)、「ペルーの宗教系民営公立校：伝統的公私協働の役割」(『京都大学大学院教育学研究科紀要』第59号、2013年)、「ペルーにおける子どもの働く権利を求める運動：その教育活動とラテンアメリカの思想・実践との関連」(『比較教育学研究』第43号、2011年)、「翻訳『ペルー共和国の総合教育法』」(共訳、『帝京法学』27巻2号、2011年)

Popular Education in Peru: Transformation of Education for "Social Change" and Practices in Schools

---

ペルーの民衆教育：「社会を変える」教育の変容と学校での受容

2018年3月10日　　初　版第1刷発行　　　　　　〔検印省略〕

定価はカバーに表示してあります。

印刷・製本／中央精版印刷株式会社
組版／フレックスアート

著者 ©工藤瞳　発行者 下田勝司

発行所　株式会社 東信堂

東京都文京区向丘1-20-6　　郵便振替00110-6-37828
〒113-0023　TEL (03) 3818-5521　FAX (03) 3818-5514
Published by TOSHINDO PUBLISHING CO., LTD.
1-20-6, Mukougaoka, Bunkyo-ku, Tokyo, 113-0023, Japan
E-mail : tk203444@fsinet.or.jp　http://www.toshindo-pub.com

ISBN978-4-7989-1478-7　C3037　　Copyright © Hitomi, KUDO

東信堂

ペルーの民衆教育——「社会を変える」教育の変容と学校での受容	工藤 瞳	三二〇〇円
アセアン共同体の市民性教育	平田利文編著	三七〇〇円
市民性教育の研究——日本とタイの比較	平田利文編著	四二〇〇円
社会を創る市民の教育——協働によるシティズンシップ教育の実践	大友秀明・桐谷正信編著	二五〇〇円
現代ドイツ政治・社会学習論——「事実教授」の展開過程の分析	大友秀明	五二〇〇円
アメリカにおける多文化的歴史カリキュラム	桐谷正信	三六〇〇円
アメリカ公民教育におけるサービス・ラーニング	唐木清志	四六〇〇円
社会形成力育成カリキュラムの研究	西村公孝	六五〇〇円
比較教育学事典	日本比較教育学会編	一二〇〇〇円
比較教育学の地平を拓く	森山肖子編著	四六〇〇円
比較教育学——越境のレッスン	馬越 徹	三六〇〇円
比較教育学——伝統・挑戦・新しいパラダイムを求めて	M・ブレイ編／山田・大塚監訳	三八〇〇円
国際教育開発の研究射程——「持続可能な社会」のための比較教育学の最前線	北村友人編著	二八〇〇円
国際教育開発の再検討——途上国の基礎教育普及に向けて	浜野隆・三輪千明編著	二四〇〇円
発展途上国の保育と国際協力	大塚・浜野・三輪・小川・西村監訳	三八〇〇円
中国教育の文化的基盤	顧明遠／大塚豊監訳	二九〇〇円
中国大学入試研究——変貌する国家の人材選抜	大塚 豊	三六〇〇円
東アジアの大学・大学院入学者選抜制度の比較——中国・台湾・韓国・日本	南部広孝	三三〇〇円
中国高等教育独学試験制度の展開	南部広孝	三二〇〇円
中国の職業教育拡大政策——背景・実現過程・帰結	劉 文君	五〇四八円
中国における大学奨学金制度と評価	王 帥	五四〇〇円
現代中国高等教育の拡大と教育機会の変容	王 傑	三九〇〇円
グローバル人材育成と国際バカロレア——アジア諸国のIB導入実態	楠山研編著	三六〇〇円
文革後中国基礎教育における「主体性」の育成	李 霞編著	二九〇〇円
韓国大学改革のダイナミズム——ワールドクラス〈WCU〉への挑戦	馬越 徹	二八〇〇円
	李 徹	二七〇〇円

〒113-0023 東京都文京区向丘1-20-6　TEL 03-3818-5521　FAX03-3818-5514　振替 00110-6-37828
Email tk203444@fsinet.or.jp　URL:http://www.toshindo-pub.com/

※定価：表示価格（本体）＋税

東信堂

多様性と向きあうカナダの学校——移民社会が目指す教育	児玉奈々	二八〇〇円
カナダの女性政策と大学	犬塚典子	三九〇〇円
多様社会カナダの「国語」教育(カナダの教育3)	関口礼子他編著	三八〇〇円
21世紀にはばたくカナダの教育(カナダの教育2)	浪田克之介他編著	二八〇〇円
ケベック州の教育(カナダの教育1)	小林順子他編著	二〇〇〇円
トランスナショナル高等教育の国際比較——留学概念の転換	小林順子	三六〇〇円
チュートリアルの伝播と変容——イギリスからオーストラリアの大学へ	竹腰千絵	二八〇〇円
[新版]オーストラリア・ニュージーランドの教育——グローバル社会を生き抜く力の育成に向けて	青木麻衣子・佐藤博志編著	二〇〇〇円
戦後オーストラリアの高等教育改革研究	杉本和弘	五八〇〇円
オーストラリアのグローバル教育の理論と実践——開発教育研究の継承と新たな展開	木村裕	三六〇〇円
オーストラリアの教員養成とグローバリズム——多様性と公平性の保証に向けて	本柳とみ子	三六〇〇円
オーストラリア学校経営改革の研究——自律的学校経営とアカウンタビリティ	佐藤博志	三八〇〇円
オーストラリアの言語教育政策——多文化主義における「多様性」と「統一性」の揺らぎと共存	青木麻衣子	三八〇〇円
英国の教育	日英教育学会編	三二〇〇円
イギリスの大学——対位線の転移による質的転換	秦由美子	五八〇〇円
イングランドのシティズンシップ教育政策の展開——カリキュラム改革にみる国民意識の形成に着目して	菊地かおり	三二〇〇円
統一ドイツ教育の多様性と質保証——日本への示唆	坂野慎二	二八〇〇円
ドイツ統一・EU統合とグローバリズム——教育の視点からみたその軌跡と課題	木戸裕	六〇〇〇円
教育における国家原理と市場原理——チリ現代教育史に関する研究	斉藤泰雄	三八〇〇円
中央アジアの教育とグローバリズム	嶺井明子編著	三二〇〇円
インドの無認可学校研究——公教育を支える「影の制度」	小原優貴	三二〇〇円
タイの人権教育政策の理論と実践——人権と伝統的多様な文化との関係	馬場智子	二八〇〇円
バングラデシュ農村の初等教育制度受容	日下部達哉	三六〇〇円
マレーシア青年期女性の進路形成	鴨川明子	四七〇〇円
東アジアにおける留学生移動のパラダイム転換——大学国際化と「英語プログラム」の日韓比較	嶋内佐絵	三六〇〇円

〒113-0023 東京都文京区向丘1-20-6
TEL 03-3818-5521 FAX03-3818-5514 振替 00110-6-37828
Email tk203444@fsinet.or.jp URL:http://www.toshindo-pub.com/

※定価：表示価格（本体）＋税

東信堂

ネオリベラル期教育の思想と構造——書き換えられた教育の原理	福田誠治	六二〇〇円
アメリカ公立学校の社会史——コモンスクールからNCLB法まで	W・J・リース著 小川佳万・浅沼茂監訳	四六〇〇円
アメリカ 間違いがまかり通っている時代——公立学校の企業型改革への批判と解決法	D・ラヴィッチ著 末藤美津子訳	三八〇〇円
教育による社会的正義の実現——アメリカの挑戦	D・ラヴィッチ著 末藤美津子訳	五六〇〇円
学校改革抗争の100年——20世紀アメリカ教育史 1945-1980	D・ラヴィッチ著 末藤・宮本・佐藤訳	六四〇〇円
現代学力テスト批判——実態調査・思想・認識論からのアプローチ	北野秋男・小笠原喜康 下司晶	二七〇〇円
ポストドクター——若手研究者養成の現状と課題	北野秋男編著	三六〇〇円
日本のティーチング・アシスタント制度——大学教育の改善と人的資源の活用	北野秋男編	二八〇〇円
現代アメリカの教育アセスメント行政の展開——マサチューセッツ州(MCASテスト)を中心に	北野秋男	四八〇〇円
アメリカ公民教育におけるサービス・ラーニング	唐木清志	四六〇〇円
[増補版]現代アメリカにおける学力形成論の展開——スタンダードに基づくカリキュラムの設計	石井英真	四六〇〇円
ハーバード・プロジェクト・ゼロの芸術認知理論とその実践——内なる知性とクリエイティビティを育むハワード・ガードナーの教育戦略	池内慈朗	六五〇〇円
アメリカにおける学校認証評価の現代的展開	浜田博文編	二八〇〇円
アメリカにおける多文化的歴史カリキュラム	桐谷正信	三六〇〇円
現代教育制度改革への提言 上・下	日本教育制度学会編	各二八〇〇円
日本の教育をどうデザインするか	村田翼夫・上田学編著	二八〇〇円
現代日本の教育課題——二一世紀の方向性を探る	上田学・村田翼夫・岩槻知也編著	二八〇〇円
バイリンガルテキスト現代日本の教育	山田満・村田翼夫編著	三八〇〇円
人格形成概念の誕生——近代アメリカの教育概念史	田中智志	三六〇〇円
社会性概念の構築——アメリカ進歩主義教育の概念史	田中智志	三八〇〇円
グローバルな学びへ——協同と刷新の教育	田中智志編著	二〇〇〇円
学びを支える活動へ——存在論の深みから	田中智志編著	二〇〇〇円
社会形成力育成カリキュラムの研究	西村公孝	六五〇〇円
社会科は「不確実性」で活性化する——未来を開くコミュニケーション型授業の提案	吉永潤	二四〇〇円

〒113-0023 東京都文京区向丘1-20-6
TEL 03-3818-5521 FAX03-3818-5514 振替 00110-6-37828
Email tk203444@fsinet.or.jp URL:http://www.toshindo-pub.com/

※定価：表示価格（本体）＋税

東信堂

新潟大学教育学部
附属新潟中学校 編著
附属新潟中式「3つの重点」を生かした確かな学びを促す授業
―教科独自の眼鏡を育むこと、「主体的・対話的で深い学び」の鍵となる！ ２０００円

柞磨昭孝 著
ICEモデルで拓く主体的な学び
―成長を促すフレームワークの実践 ２０００円

土持ゲーリー法一 著
社会に通用する持続可能なアクティブラーニング
―ICEモデルが大学と社会をつなぐ ２５００円

土持ゲーリー法一 著
ポートフォリオが日本の大学を変える
―ティーチング／ラーニング／アカデミック・ポートフォリオの活用 ２５００円

土持ゲーリー法一 著
ティーチング・ポートフォリオ―授業改善の秘訣 ２５００円

土持ゲーリー法一 著
ラーニング・ポートフォリオ―学習改善の秘訣 ２５００円

S・ヤング＆R・ウィルソン 著／土持ゲーリー法一 訳
「主体的学び」につなげる評価と学習方法
―カナダで実践される―CEモデル １５００円

主体的学び研究所 編
主体的学び 創刊号 １８００円
主体的学び 2号 １６００円
主体的学び 3号 １６００円
主体的学び 4号 １６００円
主体的学び 5号 １６００円
主体的学び 別冊 高大接続改革 １８００円

溝上慎一 監修　アクティブラーニング・シリーズ（全7巻）

①アクティブラーニングの技法・授業デザイン　安永悟 編 １６００円
②アクティブラーニングとしてのPBLと探究的な学習　石松成溝 編 １８００円
③アクティブラーニングの評価　井下田上英秀真代夫一 編 １６００円
④高等学校におけるアクティブラーニング：理論編（改訂版）　溝上慎一 編 １６００円
⑤高等学校におけるアクティブラーニング：事例編　溝上慎一 編 ２０００円
⑥アクティブラーニングをどう始めるか　成田秀夫 編 １６００円
⑦失敗事例から学ぶ大学でのアクティブラーニング　亀倉正彦 ２６００円

溝上慎一 著
アクティブラーニングと教授学習パラダイムの転換 ２４００円

河合塾 編著
大学のアクティブラーニング ３２００円

河合塾 編著
「学び」の質を保証するアクティブラーニング
―3年間の全国大学調査から ２０００円

河合塾 編著
「深い学び」につながるアクティブラーニング
―全国大学の学科調査報告とカリキュラム設計の課題 ２８００円

河合塾 編著
アクティブラーニングでなぜ学生が成長するのか
―経済系・工学系の全国大学調査からみえてきたこと ２８００円

〒113-0023　東京都文京区向丘1-20-6　TEL 03-3818-5521　FAX 03-3818-5514　振替 00110-6-37828
Email tk203444@fsinet.or.jp　URL:http://www.toshindo-pub.com/

※定価：表示価格（本体）＋税

東信堂

放送大学に学んで——未来を拓く学びの軌跡	放送大学中国・四国ブロック学習センター編	二〇〇〇円
ソーシャルキャピタルと生涯学習	J・フィールド 矢野裕俊監訳	二五〇〇円
成人教育の社会学——パワー・アート・ライフコース	高橋満編著	三二〇〇円
NPOの公共性と生涯学習のガバナンス	高橋満	二八〇〇円
コミュニティワークの教育的実践	高橋満	二〇〇〇円
学級規模と指導方法の社会学——実態と教育効果	山崎博敏	三二〇〇円
高等専修学校における適応と進路	伊藤秀樹	四六〇〇円
「夢追い」型進路形成の功罪——高校改革の社会学	荒川葉	二八〇〇円
進路形成に対する「在り方生き方指導」の功罪——高校進路指導の社会学	望月由起	三六〇〇円
後期中等教育のセーフティネット		
教育から職業へのトランジション——若者の就労と進路職業選択の社会学	山内乾史編著	二六〇〇円
教育と不平等の社会理論——再生産論をこえて	小内透	三二〇〇円
マナーと作法の社会学	加野芳正編著	二四〇〇円
マナーと作法の人間学	矢野智司編著	二〇〇〇円
拡大する社会格差に挑む教育	西村和雄・大森不二雄・倉元直樹・木村拓也編	二四〇〇円
混迷する評価の時代——教育評価を根底から問う	西村和雄・大森不二雄・倉元直樹・木村拓也編	二四〇〇円
教育における評価とモラル	戸瀨信之編	二四〇〇円
〈シリーズ 日本の教育を問いなおす〉		
《大転換期と教育社会構造::地域社会変革の学習社会論的考察》		
第1巻 教育社会史——日本とイタリアと	小林甫	七八〇〇円
第2巻 現代的教養Ⅰ——生活者生涯学習の地域的展開	小林甫	六八〇〇円
第3巻 現代的教養Ⅱ——技術者生涯学習の生成と展望	小林甫	六八〇〇円
第3巻 学習力変革——地域自治と社会構築	小林甫	近刊
第4巻 社会共生力——東アジアと成人学習	小林甫	近刊

〒113-0023 東京都文京区向丘1-20-6
TEL 03-3818-5521 FAX 03-3818-5514 振替 00110-6-37828
Email tk203444@fsinet.or.jp URL:http://www.toshindo-pub.com/

※定価：表示価格（本体）＋税